なんで
中学生のときに
ちゃんと
学ばなかったん
だろう…

現代用語の基礎知識・編

おとなの楽習

2

日本史のおさらい

自由国民社

装画・ささめやゆき

日本史だって考える科目です。

学生時代、日本史をはじめとする「社会科」は、とにかく暗記するものだと思っていませんでしたか？たしかに覚えなければ答えを書けません。しかし、覚えることにきゅうきゅうとした結果「どうして私は覚えるのが苦手なんだろう」と「社会科」が嫌いになってしまったのではないでしょうか？

そうだとしたら、それはとても不幸なことです。しかもその不幸は学生時代のことだけではなく、現在も続いています。なぜなら歴史とは過去の遺物ではなく、現在につながる出来事だからです。

たとえば、もし江戸幕府が滅亡していなければ、いまだに私たちはマゲを結って歩いていたのでしょうか？そうかもしれません。幕府の支配力は今の政府のそれとは比べものになりません。ではなぜその江戸幕府は滅んでしまったのでしょうか？

物事には必ず原因や理由があります。わたしたちがふだん仕事や勉強や家事をするときに、何らかの理由があるのと同じです。歴史上の人々にもその事件を起こした目的や理由が必ずあるのです。

政権を天皇に返上した徳川家の真の目的は何だったのか。それを知るためには、それまでの出来事も知る必要があります。事件の原因は事件よりも前に存在しているからです。事件と年号を覚えるだけでは、知識は単なる「点」で終わってしまいます。

歴史とは点と点を結ぶ「線」で学ぶべきものです。その線こそが事件の原因や理由であり、これを知ることで暗記モノでしかなかった歴史が「考える科目」に変わるのです。

一度考えたことは記憶からなかなか消えません。単に「黒船来航＝1853年」「大政奉還＝1867年」と覚えるのではなく、「1853年、黒船が来航し日本は大混乱に陥る」→「幕府に統率力のないことが明らかになり各地で倒幕運動が盛んになる」→「幕府の存続をあきらめた徳川家が政権を朝廷に返上する」と覚えた方が、出来事どうしが意味で結びついて、ずっと記憶に残りやすくなるはずです。

点と点を結ぶ「原因」や「理由」について考えるきっかけになってほしい、この本の「狙い」はそこにあります。

難しく考えることはありません。大切なのは「なぜ？」を持ち続けることなのです。

人間が考えることは、大昔から現在までそんなに変わるものではありません。権力を握る者は常に「どういう国づくりをするか」と「どうやって権力を握り続けるか」のふたつに関心があり、逆に権力をもたない者は「どうやって少しでも生活を良くするか」、あるいは「どうやって自分が権力を握るか」に関心があったといってよいでしょう。

程度の差こそあれ、これは現代にもいえることではないでしょうか。歴史は過去の人間だけでなく、今の人間の姿も写しています。過去に愚かなことをやった人間がいれば、それを笑うだけではなく、現代に置き換えて考える。それはきっとあなたの生活を良くする第一歩になります。暗記するだけのつまらない科目だった日本史が、生きた知識に変わるはずなのです。

おとなの楽習
日本史のおさらい

第3章　武士の政治　鎌倉時代から室町時代へ

第4章　戦乱の時代　戦国時代から安土桃山時代へ

第5章　徳川家の政治　江戸時代

コラムイラスト／さくら　せかい

第1章
日本の誕生
古代から奈良時代

日本にも恐竜がいた？

――日本列島誕生前夜――

日本史は、日本列島に住んでいた人間たちの歴史です。これから見ていくのは、原始からの歴史ですが、初めから日本という国があったわけではありません。また、そんな時代の史料は、当たり前の話ですがほとんど残っていません。第一、文字自体がありません。このような時代の様子を、遺跡の発掘などによって調べるのが考古学です。まずは日本列島が成立する前からの歴史を見ていきましょう。

突然ですが、日本に恐竜はいたのでしょうか？1978年に岩手県で恐竜の化石が見つかってから、各地でも続々と発見されるようになりました。このことによって日本列島にも、およそ6500万年前には恐竜がいたことがわかりました。

では、原始人は恐竜と一緒に暮らしていたのでしょうか？答えは残念ながらＮＯです。恐竜を追いかける原始人というのは、マンガの世界にしかいません。人間がはじめて地球上に現れたのは、500万年前のアフリカです。しかし、この猿人（アウストラロピテクス）といわれる人々は、人間というよりはだいぶ猿に近く、脳の容量は現代人の３分の１程度でした。その後原人・旧人と人類は進化し、４万年ほど前に新人とよばれる現代人に近い人々が登場します。それまでの人類が石を打ち砕いた道具（打製石器）を使っていたのに対して、彼らは石器をさらに磨いて鋭くした磨製石器を使っていました。打製石器の時代を旧石器時代、磨製石器の時代を新石器時代といいます。

縄文人は住所不定？

——日本列島の誕生と縄文時代——

先ほどの「恐竜は日本にいたのか」という質問は、実は適切ではありません。なぜなら、日本列島が形成されたのは今から約１万年前で、それ以前はユーラシア大陸と陸続きだったからです。

これには地球規模の気候変動が影響しています。地球には、様々な規模での気候変動があります。１万年ほど前までは、氷河期といい、地球は今よりもだいぶ寒かったのです。その影響で、現在浅い海となっている場所は、当時は陸地だったので、日本列島は大陸と陸続きだったのです。

しかし地球が温暖化し、日本列島が大陸から切り離されると、日本でも独自の文化が形成されます。この時代を縄文《じょうもん》時代といいます。当時使われていた土器に縄目の文様がつけられていたことから、「縄」目の「文」様＝縄文とよばれています。

当時の人々は定住することはなく、定期的に移動しながら暮らしていました。彼らは農業をすることはなく、狩猟採取の生活、つまり、鹿を狩ったり、魚を捕まえたり、森で木の実を集めたりして食料にしていました。そのため食料を探して移動する必要があったのです。定住するわけではないので、住居は簡単に作れる、竪穴住居というものでした。現在のように柱を立てて壁板をはるのではなく、地面に穴を掘って屋根を張っていました。すぐに引っ越すわけですから、多少居心地が悪くても、家作りは簡単な方が都合がよいのです。

また縄文人は、山や川、動物を神様として崇めていました。これはアニミズムといい、もっとも原始的な宗教の形です。アニマは英語のアニマルと同じ語源で、生きるものという意味です。自然界に生きるもの全てに神様を感じ、自然そのものが彼らの神様だったのです。特に女性の妊娠と出産は神聖視され、女性をかたちどったとみられる土偶《どぐう》とよばれる土製品もつくられました。

縄文人のネットワーク

――大きな交易圏――

こうしてみると、非常に原始的な世界のように見えますが、意外なことに縄文人の交易のネットワークは非常に広いものでした。例えば、黒曜石という石があります。割ると断面が鋭利な刃になり、ナイフのように使われました。黒曜石は一部の地域でしか取れない石なのに、日本各地で発見されているのです。また青森県の三内丸山《さんないまるやま》遺跡は、交易の港として機能していたと見られています。水路や陸路を使って、縄文人は交易していたのです。

根を張った暮らし

――弥生時代――

今からおよそ2400年前、中国大陸や朝鮮半島から移住した人々によって、日本列島に稲作が伝えられました。彼らの暮らしは定住し、計画的な農業により食料生産を行うものでした。徐々に縄文文化から変化してきたこの文化を、弥生《やよい》文化といいます。大陸からの移民は稲作だけでなく、鉄器や青銅器などの金属器も日本に持ち込みました。金属器は戦いのための武器や祭りなどの祭器、農業のための農具として使われました。さて、弥生時代の「弥生」とはなんでしょうか。これは、当時使われていた土器が出土した場所に由来します。現在東京大学がある東京都文京区弥生という場所で発掘されたので、このような名前がつけられました。

富と地位と争いの世の中へ

――弥生時代と縄文時代の違い――

すでに述べたように、弥生時代の特徴は大陸から持ち込まれた稲作です。縄文人が米を口にすることはありませんでした。稲作にともない、人々は集落を作り、定住するようになります。

ほぼ身分の差がなかったといわれる縄文時代に対して、弥生時代には身分の差が現れてくるようになります。これは、稲作に起因すると思われます。稲作には、集落民みんなでの共同作業が必要です。また、水田や用水路の管理も共同で行わなければなりません。そのため、強力なリーダーシップが必要となったのです。

また、米という形で富の蓄積も可能となりました。そのためこの頃になると、集落間の争いが発生します。佐賀県の吉《よし》野《の》ヶ《が》里《り》遺跡では、集落の周りを外敵に備えて堀で囲んだ、環濠《かんごう》集落が確認されています。

縄文人たちの生活は、毎日の暮らしを大自然に頼るものでした。日々の食料調達は過酷を極めます。稲作は飢えの恐怖から彼らを解放したのです。しかしそれは、富の奪い合いや、戦争を呼び込んでしまったのです。

卑弥呼の登場

――大陸と邪馬台国――

邪馬台国《やまたいこく》の女王、卑弥呼《ひみこ》を知っている人は多いと思います。卑弥呼が生きていた時代は、３世紀頃といわれています。でも、どうしてわかるのでしょうか。ここまでの話には、人名は出てきませんでしたよね。ということは史料があるわけです。でも、日本の史料ではありません。中国の王朝が作成した歴史書に、日本に関する記述が１世紀頃から登場しているのです。そして、３世紀になると「卑弥呼という女王が邪馬台国という国を治めていた」という記述が見られます。ただし史料としては裏付けに欠けるもので、いまだに邪馬台国の位置さえはっきりしていません。ただし、この時期に中国と交流のある勢力が、日本列島に存在していたことは確かです。そして彼らは、中国の王朝に自分たちの地位を認めてもらうことで、日本国内での戦いを有利に進めていこうという意図があったと思われます。

何でこんなに大きなお墓？

――古墳時代――

３世紀後半になると、近畿地方に古墳と呼ばれる人工の丘が作られるようになります。その多くは、前方後円墳という鍵穴のような形をしたものです。他にも四角い形をした方墳、丸い形の円墳などもつくられました。

古墳を築くことは徐々に全国に広がってゆき、いまでも各地で見ることができます。大阪にある日本最大の古墳、大仙《だいせん》陵《りょう》古墳は、幅300m、長さ486m、高さ34mもあり、世界最大の墳墓であるともいわれています。当時のことですから、これらはほぼ人力で作られたわけで、非常に困難な作業であったと思われます。

なぜこんなに大きなものをつくったのでしょうか。「有力者のお墓」というのが、一応の答えになります。でも、単なるお墓ではありません。自分の王国の力を誇示し、その権威を高めることが、目的であったと考えられます。大仙陵古墳のような巨大古墳がつくられるということは、その地域にはよほどの権力者がいたに違いありません。

近畿地方にはこの時期、大和《やまと》政権という豪族の連合政権がつくられていました。大和政権の王は、大王《おおきみ》と呼ばれました。これが後に天皇と呼ばれるようになるとされています。大仙陵古墳も、仁徳《にんとく》天皇陵古墳として教科書に登場していた時期もありましたが、現在は宮内庁により管理され、古墳内の調査はできません。そのため、いまだに誰の墓であるのかわかっておらず、最近は教科書でも大仙陵古墳と呼ばれるようになりました。

古墳の周囲や上には、埴輪《はにわ》といわれる人や動物、家などをかたちどった土器が置かれました。また、内部には武具や祭器が納められました。これは、王国を再現しようとしたものと考えられます。このように、古墳に代表される強大な力をもつ勢力が現れてきた4世紀から6世紀を、古墳時代といいます。

高度な文化の伝達者
——渡来人——

この時期に、日本に移住した人々を渡来人《とらいじん》といいます。渡来人は大陸の政治、文化、科学技術の知識を日本に持ち込みました。例えば、須恵器《すえき》と呼ばれる高度な陶器製造技術です。この頃の日本には、土師器《はじき》といわれる焼き物を作る技術はありましたが、これは須恵器に比べると厚くて、ゴツゴツしていました。須恵とは陶器の「陶」をさす言葉です。また、養蚕や機織、鍛冶の技術が伝えられました。これらの技術を用いて、渡来人たちは大和政権内の重要な役職を担います。さらに6世紀ごろには、仏教も彼らによって持ち込まれました。

力を増す豪族たち

――氏と姓――

大和政権下では、豪族たちは氏《うじ》と呼ばれる集団を作り、代々同じ仕事をして大和政権に仕えました。これは苗字みたいなもので、一族の名前です。そして各氏には、地位や職務に応じて臣《おみ》や連《むらじ》などの姓《かばね》という称号が与えられました。

当時、有力だった豪族に物部《もののべ》氏があります。物部氏は連の姓を持ち、代々、大和政権の武器の管理をしていました。今でいえば、防衛大臣というところでしょうか。そのような要職を代々務める物部氏の、政治力は非常に強いものでした。他にも、大伴《おおとも》氏、蘇我《そが》氏などが有力でした。豪族の力は強く、大王といえども意のままに動かせる部下というわけではなかったようです。

6世紀なかばになると、蘇我氏が渡来人の先進技術を利用して、政権の財政権を握るほど力をつけてきました。蘇我氏は仏教を信仰していましたが、そのことで、古来からの神々を信じる他の豪族と対立しました。特に物部氏とは激しく対立しましたが、蘇我氏は物部氏を倒して、その力を盤石なものにし、政権内に仏教を持ち込みます。この頃の仏教中心の文化を飛鳥文化といいます。

板挟みの改革者

――聖徳太子（厩戸王《うまやとおう》）――

聖徳太子《しょうとくたいし》のことはみなさんご存知ですよね。彼は福沢諭吉の前に一万円札のモデルだったこともあって、非常に知名度があります。では、彼は何をした人なのでしょうか。彼は中国から輸入した知識を用いて、天皇を中心とした政治制度を整備することを目指しました。

天皇といってもその力は弱く、有力豪族の力を抑えることはできません。とくに蘇我氏の力は非常に強く、時の天皇でさえ逆らえば殺してしまうほどでした。

天皇を殺したあと、蘇我氏はその妻を皇位につけました。当時、女性には政治的能力はないと考えられていて、蘇我氏は自分たちの思いのままに操れると思ったのです。しかし女性の天皇（推古《すいこ》天皇）では政務が行えないということで、摂政《せっしょう》という天皇の代理が置かれることになりました。それが推古天皇の甥にあたる聖徳太子でした。

憲法十七条と冠位十二階《かんいじゅうにかい》は有名な政策ですね。憲法十七条では仏教や儒教が取り入れられ、また役人の心得が示されました。天皇の命令に従うことと同時に、仏教を敬うことが定められました。冠位十二階は、家柄に関係なく才能のある人間を高い地位につけるものです。能力よりも家柄が重要だった氏姓制とは大きく違います。これら一連の政策は、天皇に忠誠をつくす有力な役人を増やすことで、天皇の力を強くしようとしたものです。

あれっ？と思った人がいると思います。聖徳太子の目指す天皇中心の政治制度は、蘇我氏の意思と矛盾するのではないでしょうか。その通りです。聖徳太子の政策は、蘇我氏の意向に配慮しつつ行わなければならず、最終的には蘇我氏に疎まれて、不十分なものに終わります。聖徳太子の死後、蘇我氏の力はますます強まっていきます。

クーデター勃発！

——大化の改新と壬申の乱——

蘇我氏の力が強まるなか、皇族の中大兄皇子《なかのおおえのみこ》は強い危機感を抱いていました。彼は中臣鎌足《なかとみのかまたり》らと共に、天皇中心の政権をつくるため蘇我氏を倒すクーデターをおこします。これが645年の大化の改新です。その後、彼は天皇に即位し、天《てん》智《じ》天皇となります。中臣鎌足は、その功績を認められ、新たに藤原という姓を贈られます。藤原鎌足の子孫が後の摂関、藤原家となるのです。しかし、中央集権化はいまだ不十分なまま、天智天皇は死んでしまいます。

ここで後継者争いが生じます。天智天皇の弟大海人皇子《おおあまのみこ》と息子の大友皇子《おおとものみこ》が対立し内戦に発展します。戦いは大海人皇子が勝利し、即位して天武《てんむ》天皇となります。これが672年の壬申《じんしん》の乱です。ここで重要なのは、天武天皇が近畿の有力豪族の力を借りずに、地方豪族の力で勝利したことです。むしろ、大友皇子についた有力豪族の力を排除して、天皇の力を強化することに成功したのです。

天武天皇は、律令《りつりょう》という中国の政治の仕組みを採用します。これを律令制といいます。天皇の下には太政官《だいじょうかん》が置かれ、政治を取りしきりました。現在の内閣ですね。そして太政官の下に、各専門分野ごとに省が置かれ、太政官の決定を実行しました。また、地方には国司《こくし》が派遣され、地方を治めました。なんだか今の政治制度と似ていますね。実は明治維新の時に、当時の政府はこの律令制のシステムをまねて政治制度を作ったのです。

また、命令は印の押された文書によって伝えられました。どんなに有力な家の出身者でも、正式な文書と権限がなければ命令を下すことは出来なくなったわけです。印鑑のあるものが正式な文書という考え方は、この頃生まれたものなんですね。

これらがまとまった形となったのが701年の大宝律令《たいほうりつりょう》です。

ちなみに律は刑法、令は政治制度を指します。

このように国内が整備されていくにしたがって、天皇と日本という呼び方も定着してきました。このころまでは、天皇は大王、日本は倭《わ》といわれていました。

なんときれいな計画都市

――平城京――

710年に、聖武《しょうむ》天皇によって新しい都が現在の奈良市に築かれました。ナント（710）キレイナ平城京《へいじょうきょう》、奈良時代のはじまりです。これは、これまでの都と異なり、天皇の住居や役所が置かれるだけではなく、役人の住居や商業地域なども計画的に配置された大規模なものでした。このような計画的な都市設計は、中国の唐《とう》王朝の都、長安《ちょうあん》を見本としたもので、朝廷の権力を内外に示す目的もありました。

仏教への信仰心の篤かった聖武天皇は、仏教の力によって国を治めることを目標としました。全国に国分寺がつくられ、奈良の東大寺がその中心とされました。この東大寺の本尊が、あの巨大な大仏です。また、今でも東京都には国分寺という地名がありますね。これは、当時国分寺が置かれた場所であるからです。国分寺はそれぞれの国《こく》に設置されました。国とはその頃の行政区分です。東京都の旧国名は武蔵の国ですから、東京都国分寺は武蔵の国の国分寺が設置された場所ということです。

仏教で国家を守れ

——東大寺、奈良の大仏——

奈良時代は飢饉や疫病がよく流行した時代でもありました。さらに農民は重税にも苦しみ、病気にならなくても生活は苦しく、土地から逃げ出してしまう人も多く、土地も荒れていました。

そのような状況で、聖武天皇はこうなったら神頼みならぬ仏頼みだとばかりに全国に寺を建てさせ、奈良には東大寺を建立し大仏を完成させます。僧侶では行基《ぎょうき》が民衆に仏教を広め、唐からは鑑真《がんじん》が招かれます。この鑑真、嵐によって日本渡航に失敗すること5回に及び、失明までしてしまいますが、6回目にしてついに渡航に成功します。このように仏教によって国を守ろうとした思想を鎮護国家《ちんごこっか》思想といいます。

しかし、仏教だけに頼って国を守っていたわけではありません。聖武天皇の妻、光明《こうみょう》皇后は飢えや病気で苦しむ人を救うために悲田院《ひでんいん》や施薬院《せやくいん》を建てます。悲田院が食物を与える所、施薬院が病気の治療を行う場所でした。精神的な支えを仏教に求め、現実的には貧困対策をとって荒れる国家を治めていたわけです。またこの時代には日本でも歴史書が書かれるようになり、古事記《こじき》と日本書紀《にほんしょき》が編まれました。

古事記が創世の神話や国生みの物語などを、語り言葉で書き表したものであるのに対して、正規の国史として編まれた日本書紀には、やはり神話や伝承も含まれるものの、編年体の歴史書として、天皇を中心とした史実が漢文で書かれています。この他にも日本の自然、産物、伝説について書かれた風土記《ふどき》（地理の本）や、4500にものぼる歌が収められた万《まん》葉集《ようしゅう》が編まれた時代でもあります。万葉集には天皇や貴族だけではなく、防人《さきもり》（九州の沿岸を守る兵士）や農民の和歌も多く収められています。

いつの時代も道路と税金

——経済システムの誕生——

税金、道路なんて聞くと、それは道路特定財源の話かい？　などと言いたくなるところですが、こちらは奈良時代のお話。まだ和同開珎《わどうかいちん》という通貨が作られたばかりの頃です。ちょっと前までは和同開珎が日本初の通貨といわれていたのですが、それよりも前に富本銭《ふほんせん》という貨幣が作られていたことが最近になってわかりました。ただこの富本銭は売買のためというよりも、儀式や占いに使われていたようです。実用的なお金としては、今のところ和同開珎が最も古いということになります。

さて、飛鳥時代が聖徳太子の憲法十七条に象徴される「日本における法律誕生の時代」とするなら、奈良時代は「日本における経済システム誕生の時代」といえます。政府は和同開珎を作り、物々交換から、貨幣を通じた物の売買へと取引の形を変えます。貨幣経済の誕生と同時に商品の売買のための市（今でいう市場、商店街）が作られます。

すると人々は各地から商品を運んでくるようになり、商品を運び込むということはそれだけ人の行き来が多くなるわけで、同時に道路も整備されるようになりました。

さらに政府は、中央と地方を結ぶ道路に駅と駅馬を設置しました。駅といってももちろん電車が停まる駅ではなく、中央と地方の連絡のためにつくられたものであり、政府が地方へ命令するときなどに駅馬を使って、その内容を駅から駅へと連絡し、地方へと伝えていたのです。まさに文字通りの駅伝ですね。

税金は何で払う？
——租庸調——

ところで、当時の税はまだ貨幣が作られたばかりだったので、お金で徴収されることよりも、物や労働で支払わされることが圧倒的に多かったようです。政府は課税にあたり班田《はんでん》収授法《しゅうじゅほう》という法律を定めます。これはまず戸籍を整理して、それに基づいて口分田《くぶんでん》を与えるというものです。6歳以上の男女に田を与え、税として収穫した稲を納めさせていました。この稲による税が租《そ》で、ほかにも庸《よう》（労役か布）・調《ちょう》（特産物）が有名です。租は収める量の多さも負担でしたが、なんといっても地方から中央への運搬こそが最大の苦痛でした。関東や九州からわざわざ奈良まで担いで、あるいは馬を使って運ばなければならなかったわけですからたまりません。

しかもそれだけではありません。当時はまだ中央の政府に逆らう豪族も多かった時代ですから、彼らを監視、支配するために九州に大宰府《だざいふ》や、東北に多賀城《たがじょう》（蝦夷《えみし》対策）が設置され、そこに兵士として勤務させられる、つまり兵役を課されたのです。ちなみに北九州へ派遣された兵を、特に防人《さきもり》といいます。

働き手の父ちゃんや兄ちゃんが2～3年ものあいだ、兵士として取られてしまうのですから、家計が苦しくなるのはいうまでもありません。家に残るのは母親に幼い子供、それにじいちゃんばあちゃんです。家庭内の生産力はガタ落ちし、生産が減った分が補償されることもないので、収入は激減してしまいます。この他にも国司《こくし》（中央から地方に派遣された貴族、今でいう県知事）の下で様々な雑務をこなす雑徭《ぞうよう》といった労役や、稲を強制的に貸し付けて高利の支払を要求する出挙《すいこ》（まるでヤミ金？）に苦しんだ農民の多くは、自分の土地から逃げ出してしまいます。この頃の農民の生活の苦しさは、万葉集の中で山上憶良《やまのうえのおくら》が詠んだ「貧窮問答歌」の、そのものずばり「貧乏」を意味するタイトルによく表れています。

人口が次第に増えていき、口分田が不足してくると政府は開墾を奨励します。しかし、ただ開墾しろといっても荒地を田にするのは一苦労、やりたくないのが当たり前です。そこで723年、「新しく灌漑施設を作って開墾した土地は三代までその家のもの（もともとある灌漑施設を使って開墾した場合は本人一代のみ）」という三世一身法《さんぜいっしんほう》を定めます。これによって、口分田不足は解消されるかと思いきや、三代目（孫）の時には田んぼを返さなければいけない、なんだかやる気が起きないなあ、ということでまた土地が荒れてしまいます。

すると政府は743年、今度は墾田永年私財法《こんでんえいねんしざいほう》を定めます。字からもなんとなく察しがつきますが「田畑は自分で開墾してね、でも開墾したらその土地はずっと君たちのものだよ」という法律です。当時、税が苦しくて逃げ出す農民は増え、結果として田畑は荒れて、増加する人口に与えるだけの口分田が確保できなくなった政府にとっては、農民にやる気を出させるための精一杯の策だったのでしょう。これによって安定した税収を図ったのです。また、耕した土地の私有が認められるということで貴族や寺院、地方の豪族（郡司《ぐんじ》）が農民を雇ってどんどん荒地を耕させ、私有地を拡大した時期でもありました。この貴族・寺院・豪族の私有地を荘園《しょうえん》といいます。

年表でかくにん！　縄文時代から奈良時代

◆約1万3000年前（紀元前1万1000年）頃

縄文時代

・弓矢・土器・磨製石器の使用

◆紀元前700～300年頃

稲作・青銅器・鉄器の伝来（＝弥生時代）

◆紀元57

倭《わ》の奴国《なこく》が漢に使いを出す

・倭は日本、奴国は福岡市付近にあった小国をさす。漢と倭の小国群とのあいだには定期的なやり取りがあったと中国の歴史書に記されている

◆239

卑弥呼《ひみこ》（邪馬台国《やまたいこく》女王）が魏に使いを出す

・邪馬台国の場所をめぐっては近畿説と九州説がある

・大王の古墳の建設始まる

◆538

百済《くだら》から仏教伝来

・百済の聖王が欽明天皇に仏像や経典を贈ったといわれている。552年説もある

◆593

聖徳太子（厩戸王《うまやとおう》）が摂政になる

・冠位十二階、憲法十七条の制定

607

遣隋使（小野妹子《おののいもこ》）派遣

・618年に隋が滅び、唐がおこる

630

遣唐使（犬上御田鍬《いぬかみのみたすき》）派遣

・7世紀以降の政治に大きな影響

645

大化の改新

・668年、中大兄皇子《なかのおおえのみこ》が即位し天智《てんじ》天皇に

672

壬申《じんしん》の乱

・有力部族が衰退し、中央集権化が進む

701

大宝律令《たいほうりつりょう》の制定

710

平城京遷都

743

墾田永年私財法《こんでんえいねんしざいほう》

・貴族・豪族の私有地（荘園）が拡大

第2章
咲き誇る宮廷文化
平安時代

京の都1000年のはじまり

――平安時代と平安京――

平安時代は、平安京への遷都から源《みなもとの》 頼朝《よりとも》による鎌倉幕府成立までを指します。「泣くよ（794）ウグイス平安京」ではじまり、「いい国（1192）つくろう鎌倉幕府」で終わる、約400年間です。この時代は都ではきらびやかな宮廷文化が花ひらきます。一方で、地方では政治が乱れ、武士と呼ばれる武装勢力が生まれ、時に大きな反乱を起こしたのでした。この時代の特徴をいくつかの側面から見て行きましょう。

平安京は現在の京都です。時の桓武《かんむ》天皇は、現在の奈良市にあった平城京を捨て、新たに建設した平安京に移ります。これ以降、明治維新まで歴代天皇は京都に住むことになります。天皇が東京に移るまでの約1000年の間、都は京都になるわけです。

男には真似できない？

――平仮名と文学――

奈良時代の男性官僚の素養とは、漢詩を詠むことができることでした。いまでいえば、英語が話せないとなかなか出世できない、というようなものです。また公式文書は漢文で書かれるのが一般的でした。東アジア地域の大国＝中国の文化を身に付けることは、エリートの証しだったのです。

実は、数年前まで日本の法律にも漢文訓読調で書かれているものが多くありました。例えば、「男ハ満十七年女ハ満十五年ニ至ラサレハ婚姻ヲ為スコトヲ得ス」。男は18歳、女は16歳にならないと結婚できないという民法条文です。読みにくいですよね。漢文訓読とは、漢（＝中国）の言葉を無理に日本語で読むものだからです。

その一方で、漢字の一部をとって日本語の発音を当てたものが、仮名文字、つまりひらがなやカタカナです。当時、仮名文字は私的な文書で用いたり、女性が用いるものとされていました。これを今風にいえば、ビジネスレターは英語、でも、ラブレターや日記は日本語で書くといった感じでしょうか。

平安文学の特徴は、この仮名文字によって書かれていること、そして、女流作家が活躍することです。漢詩＝教養から遠ざけられていた女性たちが、男性にはできない文学のスタイルをつくったわけですね。清少納言《せいしょうなごん》の「枕草子《まくらのそうし》」や紫式部《むらさきしきぶ》の「源氏物語《げんじものがたり》」は、その代表的なものです。源氏物語はモテモテの貴公子である光源氏《ひかるげんじ》の恋物語で、いまでも多くの人に読まれ続けています。少女漫画やメロドラマに出てきそうな話もたくさんあります。また、かぐや姫で有名な「竹取《たけとり》物語」もこの頃に仮名文字で書かれました。

どうしてこういった女性たちが活躍できたのでしょうか？それはこの時代の政治状況に関係します。それについてはこれからご説明していきます。

Ｊカルチャーの誕生？

――国風文化と遣唐使――

文化の変化の背景にあるもののひとつは、聖徳太子が始めた中国への留学生派遣制度、遣唐使《けんとうし》の廃止です。白紙（894）に戻そう遣唐使ですね。これは当時の実力者であった菅原道《すがわらのみち》真《ざね》の提案によります。廃止の理由はいくつか考えられますが、すでに唐がその勢いを失っていたことが最大の理由でしょう。長年にわたり中国大陸で繁栄した唐王朝がこの頃になると弱体化し、各地で反乱が続くようになります。政治制度や文化を大陸からの輸入に頼っていた日本に、唐の衰退が独自の文化の発生を促したと考えられるのです。このようにして、遣唐使廃止以降の平安中期から後期にかけて、国風《こくふう》文化と呼ばれる文化様式が花開きました。

たとえば、服装では十二単《じゅうにひとえ》や束帯《そくたい》が有名です。これは、雛人形を思い出していただければいいでしょう。歌でも「お内裏《だいり》様とお雛様」といいますが、これは天皇と皇后のことです。内裏とは平安京の政府中枢があった場所、つまり皇居のことです。ひな祭りの起源は平安時代であるといわれています。

ちなみに、遣唐使を廃止した菅原道真という人、実はいまでもすごい有名人です。知らないぞっていう人、カミナリさまですよ。

道真は当時一、二をあらそうほど非常に勉強のできる学者でした。その才能を買われた彼はドンドン出世したのですが、それをよく思わない藤原氏により左遷されてしまいます。なんか、いまでもありそうなお話ですよね。どこに左遷されたかというと北九州の大宰府《だざいふ》。その地で彼は失意のまま死んでしまいます。その後、京都では内裏にカミナリが落ちるなどの事件が相次ぎ、道真のたたりだという噂が流れます。そして、ここが面白いのですが、日本では昔から人が化けて出てきたら、神様にしちゃうんですね。そこで、カミナリの神様＝天神様として道真は祭られます。彼が祭られている神社は、たとえば大阪の北野天神や九州大宰府天神などがよく知られています。東京だと、湯島天神が有名ですね。これらの神社は受験の前に行くとご利益があるといわれています。秀才菅原道真にあやかろうというわけですね。

信じる者は救われる？

――終末論の流行――

この国風文化の特徴としてもうひとつあげるとするならば、浄土教です。簡単にいえば、阿弥陀仏《あみだぶつ》を信じれば極楽浄土にいけるという教えです。空也《くうや》が京の街で人々に教えを説き、源信《げんしん》が「往生要集《おうじょうようしゅう》」で広めました。

平安時代の後期に入ると、末法思想といわれるものが流行します。これは、釈迦が死んで1000年経つと、釈迦の教えが通用しなくなるというもので、一種の終末思想です。ノストラダムスの大予言みたいなものですね。西暦でいえば1052年がその年だといわれていました。過ぎてしまえば何てことは無いのですが、その年が来るまではみんな必死です。そこで、阿弥陀様にお願いして極楽浄土にいこうと、貴族たちはこぞって寺院を建立します。その代表的なものが、藤原頼通《よりみち》がつくった京都宇治の平等院鳳凰堂《びょうどういんほうおうどう》です。10円玉に描かれている、あの建物です。また頼道の父、道長《みちなが》も法成寺《ほうじょうじ》というお寺を建てています。

このように、世界の終末への恐怖から貴族たちは、浄土教へと熱心に帰依したのでした。

絶大なるキングメーカー

――藤原氏の政治――

平安時代の最大の貴族は、藤原氏です。藤原一族は大化の改新で活躍した中臣鎌足にはじまる名門貴族です。平安初期からいくたびの政争を勝ち抜き、平安後期の道長・頼通親子の頃にその権力は最高潮に達します。道長は「この世をば我が世とぞ思ふ望月の　欠けたることも無しと思へば」という和歌を残しています。これは「満月に欠けたところがないようにこの世はすべて私のものだ」という意味です。当時の道長の絶大な権力と、そのことへの自信が伺えます。

では、どのようにして藤原氏はその権力を維持したのでしょうか。彼らは血縁関係を利用しました。例えば、藤原氏の長は自分の娘を天皇に嫁がせて、娘を皇后にします。そして、男の子が生まれたら、早々に天皇にしてしまうのです。そうすると、藤原氏の長は、天皇のおじいちゃんになるのです。そして、幼少の天皇を補佐するという名目で権力を持つのです。まだ幼い孫を天皇にしておいて、「どれどれおじいちゃんが教えてあげよう」と政治を行うわけです。この天皇を補佐する役職を、天皇が幼少の場合は摂政、成人している場合は関白《かんぱく》といいます。このように、天皇の母方の祖父（外

（44ページへ続く）

藤原道長

もっとも長く政権の中枢に居つづけた藤原一族

藤原氏といえば、中臣鎌足が天智天皇から藤原姓を賜って以来、道長・頼通親子の摂関政治まで約400年間、政権の中枢にいた一族です。これは有力一族が政権を掌握した期間としては、最長といえるのではないでしょうか。

あの徳川幕府でさえ260年間ですから、その1.5倍の長さにもなるわけです。なぜこんなに長く栄えたのか？それは藤原氏が政権内部にいながらも、必ずしもトップには立っていなかったことに関係があります。藤原氏は鎌足をはじめとして、その息子不比等（大宝律令の制定に中心的役割を果たす）、さらにその子である藤原四子と呼ばれる息子たちも天皇の補佐に徹します。そう、古墳時代から平安時代末期にいたるまで、日本は天皇中心の国家だったのです。

天皇に逆らえば逆賊と呼ばれて日本中を敵に回す危険があるようななか、そこまでして日本を支配しようとする豪族はいませんでした。だからこそ藤原氏は天皇の威信の下、400年にわたってナンバー2の位置に身を置いて、権力の中心を占めることができたといえるでしょう。

ただ、藤原氏のナンバー2作戦にはもちろん不可欠の条件があったわけで、それが天皇家との外戚関係でした。つまり天皇にわが娘を嫁がせて、自分は次期天皇の外祖父（母方の祖父）になることにより、政権への影響力を強めていたわけです。しかし1067年に頼通が引退した後は、藤原氏を祖父にもたない後三条天皇が親政（天皇自らによる政治）を行ったために、その力も次第に衰えていくことになります。

「此の世をば　我が世とぞ思ふ　望月の　欠けたることも無しと思へば」と歌った道長の時代がまさに藤原氏の満月の時代で、後は欠けていったというわけですね。

祖父。母方の親戚を外戚という）が摂政・関白となって政治を行うことを摂関《せっかん》政治といいます。政略結婚を繰り返すことで、藤原氏は権力を維持したのでした。

さて、娘を皇后にするためには、娘に相応の教養をつけさせる必要があります。皇后としての教養とは、楽器の演奏ができる、和歌をつくれるとかそういったものです。そのために藤原氏の娘には家庭教師がつけられました。それが、紫式部や清少納言といった才女たちです。このようにして、平安の宮廷文化は発展していきました。

その反面、地方の政治は国司にまかせっきりになり、そのことが地方豪族の力が強大化する原因となります。貴族のなかにも役人として地方にとどまって、武装し集団を組み、勢力争いを行う者が増えてきます。彼らが武士です。

頼通の娘には皇子が生まれなかったために、摂関政治は終わりを告げ、天皇の親政《しんせい》（みずから政治を行うこと）、そして天皇位を譲位した上皇《じょうこう》による院政《いんせい》の世へと移行していきます。

そんななかで武士のうち、桓武平氏《かんむへいし》の流れをくむ平清盛《たいらのきよもり》は、天皇家の後継争いに乗じて大きな権力をえて、ついには太政大臣となります。これが平氏政権です。平氏は藤原家のように独裁を謳歌しますが、そのためにほかの武士や貴族からの反感を買うようになります。そしてついに、あの有名な源氏との戦いが始まるのです。

平清盛

天皇さえないがしろにした改革派

平清盛といえば昔（少なくとも40、50年くらい前まで）は、学校の授業でも悪役として紹介されていたようです。

権力を独占した、後白河法皇を幽閉した、東大寺を焼き討ちした等々、悪行の限りを尽くしたともいわれています。

歴史上の事実は事実として、ある人物について「いい人」「悪い人」などといわれている時には、その理由について注意してみる必要があります。

権力の独占なんて、藤原氏、北条氏、織田信長など、たいていの人物がトップに立てばやっていることです。信長にいたっては延暦寺の焼き討ちまでしています。天皇家による政治をないがしろにした、ということであれば、武家政治が始まってから明治時代まで、天皇が政治の表舞台に現れることはなかったのです。

つまり、清盛一人を取り立てて歴史上の悪者にする理由はなく、逆に庶民の目からしてみれば、たいていの権力者は悪いやつ、ともいえるわけです。

さて、清盛に話を戻すと案外？いいこともやっているのです。大輪田泊《おおわだのとまり》（現在の神戸港の一部）を修築したり、音戸《おんど》の瀬戸《せと》（広島湾）を開港したりして、宋との貿易を促進しました。894年に遣唐使が廃止されて以来、150年以上国交がなかった中国との交流を再開させる流れを作ったのは、清盛の功績といえます。

それまで貴族の警護役に過ぎなかった武士が、政治の中枢となった（1167年太政大臣になる）というだけでも、平清盛の果たした歴史的な役割は大きい、といえるのではないでしょうか。

年表でかくにん！

平安時代

794

平安京遷都

858

藤原《ふじわら》良房《のよしふさ》が摂政に就任（藤原氏で初）

・良房は清和天皇の外祖父（母方の祖父）

884

藤原基経《もとつね》が関白に就任（藤原氏で初）

894

菅原《すがわら》道真《のみちざね》、遣唐使を廃止

・道真は901年、藤原氏の策謀により追放される

・地方に武士団が形成。東国で桓武平氏《かんむへいし》、平《たいらの》将門《まさかど》が反乱。伊予の国司、藤原純友《すみとも》も瀬戸内海・九州で反乱する（承平《じょうへい》・天慶《てんぎょう》の乱）が、清和源氏《せいわげんじ》の祖、源《みなもとの》経基《つねもと》によって鎮圧される。その後も地方武士は強大化（武家の形成）

1016

藤原道長《みちなが》が摂政に就任

・道長と子の頼通《よりみち》の摂関政治が70年以上続く

1086

白河上皇《しらかわじょうこう》が院庁をひらく（院政開始）

1156

保元《ほうげん》の乱

・後白河《ごしらかわ》天皇が平清盛《きよもり》、源義朝《よしとも》らを動員し崇徳《すとく》上皇を破る

1159

平治《へいじ》の乱

・平清盛が源義朝を滅ぼし、義朝の子の頼朝《よりとも》を伊豆に流す

1167

平清盛が太政《だいじょう》大臣に就任

・平氏一族によって実権掌握

・清盛、後白河法皇を鳥羽殿に幽閉。権力の独占により反対勢力の結集を促す

1180

源頼朝が挙兵

1185

平家、壇ノ浦で滅亡

・後白河法皇《ほうおう》、源義経《よしつね》に頼朝追討を命じるも、頼朝の軍勢が京都に迫り、逆に頼朝に実質的支配権を認める

・頼朝、全国に守護、地頭を設置。日本全国に支配が及ぶ武家政権（幕府）の成立

1192

源頼朝が征夷大将軍《せいいたいしょうぐん》に就任

第3章

武士の政治

鎌倉時代から室町時代へ

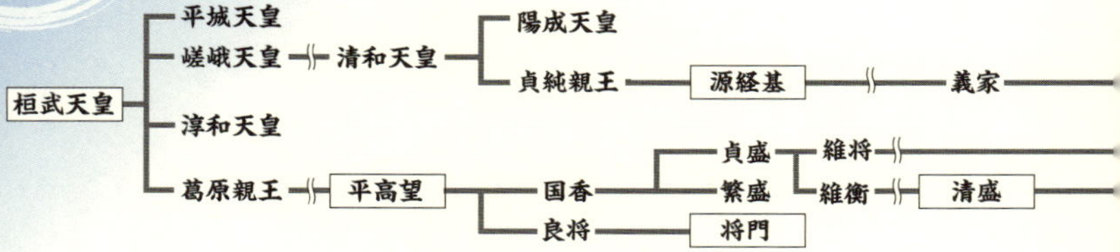

源平合戦

源氏の名前を借りた桓武平氏の内紛

源平合戦は清和源氏と桓武平氏の戦いです。しかしこの両家、平氏は桓武天皇の流れをくみ、源氏はその子孫の清和天皇の流れをくんだ血筋です。つまりは同じ天皇の血筋、親戚同士なのです。

では、源平合戦において源氏方についた武将はどんな人たちだったのでしょうか。

まずは頼朝最大の味方である北条氏。さらにのちの鎌倉幕府で侍所別当（防衛大臣みたいなもの）となる和田氏や、やはり幕府の幹部となる三浦氏、梶原氏、畠山氏といった有力武将たちが源氏の側についたわけですが、この方々、なんとみなさん桓武平氏の血筋なんです。

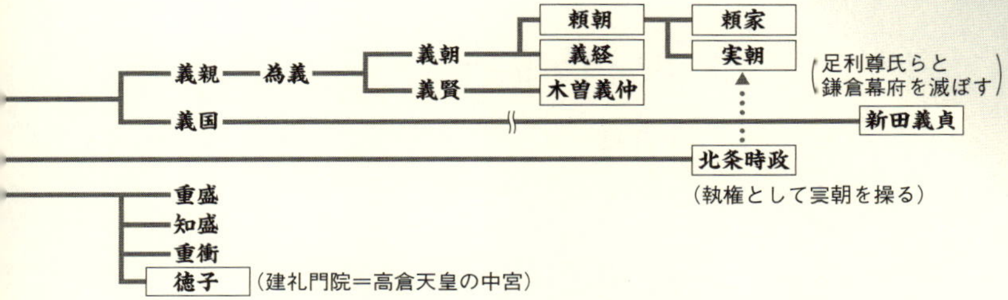

なぜ彼らは平氏を裏切ったのか。その理由はやはり平氏が近い血筋ばかりを大事にして、関東にいる遠い親戚たちを冷たく扱ったことにあるのだと思います。せっかく親戚が権力を握っているのに、自分たちには何ひとついい事がない。こんなことなら平氏と同じくらい血筋の良い源氏を担ぎ上げて俺たちも出世しよう。まさに「遠くの親戚より近くの他人（源氏も親戚ではありますが）」そのものです。

源頼朝、義経、木曽義仲など、彼らはたしかに源氏ですが、実はそれよりも多くの桓武平氏出身者が源氏の側にいたのです。つまり、源氏の名を借りた地方平氏の下克上、という見方もできるわけですね。

源氏が勝ったその後には、平氏筋の北条氏が幕府の実権を握り、自分たちにとって邪魔な存在は源氏も平氏（和田氏や三浦氏など）も滅ぼしてしまうのですから、源平合戦よりも「平平合戦」とでもいった方が的を射ているかもしれません。

武士の世の始まり

――鎌倉時代前期――

鎌倉時代は、源頼朝《みなもとのよりとも》により幕府が開かれてから、1333年に後醍醐《ごだいご》天皇と足利尊氏《あしかがたかうじ》によって幕府が倒されるまでの約140年間を指します。鎌倉幕府は初の武家政権といわれ、これまで都に住む天皇や貴族にあった政治権力が、全国各地に領地を持つ武士たちに移っていきました。これは封建制ともいわれます。この後、19世紀後半に明治維新が起こるまで、政治の主役はずっと武士でした。ですから、のちの世の武士たちはいつでも鎌倉時代の幕府や武士のあり方を自分たちのモデルとしたのでした。

「いい国つくろう」はウソ？

――鎌倉幕府の成立――

鎌倉幕府はいつ成立したのでしょうか？「いい国（1192）つくろう鎌倉幕府」は、非常に良く知られたゴロ合わせですね。でも最近、1185年をもって鎌倉幕府成立とする意見があり、そのような話を聞いたことがある人もいると思います。「いい箱つくろう～」なんていうゴロ合わせも既にあるようです。さて、どちらが正しいのでしょうか。

実はどちらも正解です。もしくは、両方とも誤りなのです。さて、これはどういうことなのでしょうか。

これはどちらが歴史的事実として正しいか、ということではなく、どの点を重視して鎌倉幕府成立とするか、という違いなのです。これを理解するには、源頼朝の足跡を追っていく必要があります。

ざっくりと読む源平合戦
——頼朝による幕府体制整備——

平氏の独裁に対する地方武士の不満が高まっていた1180年、頼朝は義父である北条時政《ほうじょうときまさ》（娘の政子《まさこ》が頼朝の妻）の支援を受けて伊豆で挙兵します。このとき頼朝は、領内に侍所《さむらいどころ》という行政機関を整備します。読んで字のごとく、これは侍を管理する機関です。これから戦争をするわけで、そのような機関が他の行政機関に先がけて必要とされたのです。この先、「平家物語」として後々まで語られる平家との戦いが始まるわけですが、実は、頼朝はほとんど実戦に関わっていません。それどころか、平氏との最初の戦である石橋山の戦いでは、平家に惨敗しています。

その後頼朝は鎌倉にとどまり、幕府体制の整備に専念し、戦争は弟の義経《よしつね》たちに任せてしまったのです。1183年には、後白河法皇《ごしらかわほうおう》に東国の支配権を認めさせます。これによって、頼朝の権力が正当化されたのです。

1184年、義経が西日本で激しい戦いを進める一方で、頼朝は、公文所《くもんじょ》と問注所《もんちゅうじょ》という機関を設置します。公文所は軍事を除く一般行政を担う機関であり、問注所は裁判所です。この時期に、今後の武家政権の骨格となるようなシステムを頼朝は作り上げるのです。そして1185年、義経が平家の軍勢を壇ノ浦《だんのうら》に追い詰め、平氏を滅ぼします。

しかしこの後、後白河法皇の策略もあって、頼朝と義経の関係が崩れます。そこで、東北地方に独自の支配権を確立していた奥州《おうしゅう》藤原氏を頼って、義経は亡命します。この藤原氏は岩手県の平泉を拠点として、平氏亡き後は、源氏以外の勢力としては最大のものでした。なお、この奥州藤原氏は、摂関家の藤原氏と異なる血筋であり、それを区別するために奥州藤原氏と呼ばれます。奥州は現在の東北地方を指します。

1189年、頼朝は反逆者義経をかくまったとして、義経もろとも奥州藤原氏を滅ぼしてしまいます。これによって、頼朝に対抗できる武家勢力は消えました。翌年に、頼朝は右近衛《うこのえ》の大将に任じられます。これは、律令制における最高の位です。しかし、このような軍事貴族としての地位、すなわち、軍事をもって朝廷に仕える立場に頼朝は満足しません。1192

年には征夷大将軍《せいいたいしょうぐん》となり、全国の武士に対する指揮権を手にします。

少し急ぎ足になってしまいましたが、これが頼朝による全国支配への道筋です。このように頼朝の全国支配は段階を踏んで進められたものでした。1192年を鎌倉幕府成立とする考え方は、征夷大将軍任命を重視していて、一方、1185年説は平氏の滅亡を重視するわけです。

でもそんなことをいったら、鎌倉幕府が全国支配を確立したのは、頼朝もその子供たちも死んで、源氏が実権を失った承久《じょうきゅう》の乱以降なのです。では鎌倉幕府成立はいつなのか……

実はこの話は、そもそも前提に問題があります。幕府という概念は、江戸時代の学者が考えたもので、この当時には存在していないものだったのです。ですから「鎌倉幕府の成立はいつか？」いう発想自体が、後世のものなのです。

そんなわけで最近の教科書では、「何年が幕府成立」という記述は控えめになっていて、先に述べたような具体的な事実が中心になっているようです。でも、物事には始まりと終わりがあるわけで、いつ始まったかは見方による、というのじゃ困りますよね。というわけで、試験に出題されることもないでしょうから、「いい国つくろう」でも、「いい箱つくろう」でも、どちらでも構わないと思います。

小さな天然要塞

――鎌倉の街――

では、その鎌倉とはどういう街だったのでしょうか。現在でも鎌倉は、関東地方有数の観光地ですね。

歴史のなかの「鎌倉」は、現在の神奈川県鎌倉市の中心部を指します。四方を海と山に囲まれた場所です。海側には江ノ島があり、夏には多くの海水浴客でにぎわいます。

さて頼朝は、何故このような場所に幕府を置いたのでしょうか？第一には、その軍事的側面が指摘できます。このような地形は天然の要塞となり、敵の侵入を防ぐには最適なものでした。幕府はこれにさらに手を加え、切通しと呼ばれる山をくりぬいてつくった細い道を整備し、ここを通る以外に鎌倉に入ることをできないようにしました。また海に面していることで、海運を利用することも可能でした。

鎌倉の街は鶴岡八幡宮を中心に、幕府の機関や、有力御家人の屋敷がありました。鶴岡八幡宮には、源氏の氏神（＝一族の守り神）である、八幡神が祭られています。八幡宮は丘の上に建てられ、ここからは鎌倉の街が一望できます。また街の外側には、建長寺を初め、大きな寺院が多くつくられました。大仏も街の外側にあります。

しかし、実際に鎌倉を歩くとわかるのですが、街の大きさは半径２kmもありません。これは鎌倉幕府の初期においては、商業的な発展を想定していなかったということでしょう。鎌倉はあくまで行政と軍事の拠点であり、商業の中心は京都でした。また、貨幣経済が発達するのは、鎌倉時代後期まで待たねばなりません。

権力は朝廷から幕府へ

――頼朝の死と執権政治――

頼朝の死後、あとを継いだのは長男の源頼家《よりいえ》でした。しかしその実権は、しだいに有力御家人の北条氏へと移ります。北条時政とその子の義時《よしとき》（政子の弟）は、徐々に自分たちに対抗する有力御家人たちを排除していきます。梶原《かじわら》氏や比企《ひき》氏など有力御家人が、北条氏によって滅ぼされます。時政は、こうして有力御家人を排除することで、政所と侍所の長官の地位を得て、幕府の政治と軍事を主導する権限を手にしたのでした。この役職を執権《しっけん》と呼びます。今でいうなら首相といったところでしょうか。

では、なぜ北条時政はこのように大きな力を得ることができたのでしょうか。北条氏は、頼朝の妻政子の一族ですね。北条氏は頼朝が伊豆で挙兵して以来、政子の父、つまり頼朝

（62ページへ続く）

源頼朝

復讐のヒーロー？それともただのお飾り？

頼朝といえば、幼いころ父義朝を平家に討たれ、伊豆に流された後に、みごと平家に復讐を果たして鎌倉幕府を開いたリベンジヒーローの典型といえます。しかしこのヒーロー、当たり前といえば当たり前ですが、自分ひとりの力で平家を倒したわけではありません。「源氏」の血こそが彼の最大の売りであって、実際の能力はよく分からない、というのがホントのところじゃないでしょうか。「何言ってるんだ、鎌倉幕府の創設者で征夷大将軍なんだから、有能に決まってるだろう」

と思う方はたくさんいるでしょう。しかし、源平合戦でも頼朝はたいして活躍したわけではないのです。

頼朝は伊豆で挙兵した後、石橋山の戦い（現在の小田原付近）で平家との第一戦目に臨みますが、これは惨敗に終わります。その後、富士川で再び平家の大軍と対峙するわけですが、このときは夜明けに水鳥が飛び立つ音を、源氏の奇襲と勘違いした平家がビビッて敗走、とまるで戦らしい戦ではありませんでした。その後は壇ノ浦の戦いで平家が滅亡するまで弟の源義経や従兄弟の木曽義仲が主に戦って、頼朝は鎌倉で指示を出す役目に徹しました。全体の指揮こそ大将の務め、といえば聞こえはいいですが、これさえバックアップしてくれている奥さん（北条政子）の父、北条時政の助言によるところが大きく、もしかして頼朝はお飾り？という疑いは晴れません。

将軍就任後は、打倒平氏に力を貸してくれた弟や従兄弟を次々に討ち、これからが俺の時代だ、というときに落馬がもとで病死してしまいます。戦で活躍することもなく、死後は北条氏に幕府の実権を握られてしまい、家康のように子孫に繁栄をもたらすこともできなかった頼朝。そのため「弟まで殺した冷たい人間」のイメージばかり強くなり、実像が見えにくくなっていることは否めません。

の岳父にあたる時政を中心に頼朝を支えてきました。そして頼朝亡き後は、執権職を手にした時政と、将軍の実母である政子が幕府における主導的地位を手にします。特に政子は将軍の母として大きな発言権を持ち、尼将軍と呼ばれたりもしました。

当時は、旦那が死んでしまった未亡人は出家する、すなわち尼僧になることが多く、政子もそうでした。尼となっても将軍のように力を持っていたということですね。意外かもしれませんが、当時、一般的に女性の政治的地位はそれほど低くはなく、遺産の相続権もあったくらいです。

時政以来、執権職は北条氏が代々世襲することになります。高度な政治システムによって、権力の分散をはかろうとした源頼朝の幕府体制ですが、すぐに北条氏に乗っ取られてしまったのです。

源氏が途絶えても幕府は残る

――頼家幽閉・実朝暗殺――

さて、頼家はこうした状況を黙って見ていたのでしょうか。実は頼家の妻は比企一族の出身でした。頼家は有力御家人の比企氏を後ろ盾として、将軍権力を守ろうとしていましたが、比企氏は北条氏に滅ぼされてしまい、彼は幽閉されます。しかし、北条氏はいきなり頼家を殺すことはできませんでした。なにしろ、頼家は北条の血を引き、北条時政にとっては孫であり、政子にとっては実の子なのですから。

しかし頼家が生きていること自体が、北条氏にとっては脅威なのです。形式的にとはいえ、北条家は源氏の家臣であるのです。結局、頼家は暗殺されます。

そして将軍職をついだのが、源実朝《さねとも》でした。実朝は兄頼家と比べると、あまり政治に興味があるタイプではありませんでした。むしろ文学部系の人間で、実際に歌人としての才能がありました。ですが、彼は頼朝の子であり、将軍の正統な後継者でした。不幸にも彼は政争の中心へと導かれてしまいます。

当然、時政は彼の暗殺に動きます。一度は失敗し、時政も引退を余儀なくされるのですが、北条氏にとって源氏の血筋が、自らの権力を脅かす存在であることに変わりありません。

そこで、一計が案じられます。実朝のほかに頼朝直系の血を引く者がもう一人いました。それが殺された頼家の子、公《く》卿《ぎょう》でした。公卿は「父頼家を殺したのは、将軍職を狙った実朝の仕業だ」とすりこまれます。それを信じた公卿は、実朝を暗殺します。しかし公卿は将軍暗殺の罪を問われ、死刑になってしまうのです。これで頼朝直系の血筋は完全に絶たれます（公卿による実朝暗殺が北条氏の謀略であるかどうかはいくつかの異説があります）。

では、ここで鎌倉幕府が終わりかというと、そうではなく、まだまだ100年以上続きます。むしろこの後、執権北条氏によって維持・強化されていきます。

しかし、形式的にでも将軍がいないといけないわけで、北条氏は皇族から将軍を迎えようとしますが、これは朝廷の反対で失敗します。後白河法皇のあと朝廷の実権を握った後《ご》鳥《と》羽《ば》上皇は、拡大する幕府の権力を快く思っていませんでした。

ふたつの政権の激突

——承久の乱——

後鳥羽上皇は源氏断絶を好機として、朝廷権威の回復を狙い、執権北条義時討伐を目指します。これが承久《じょうきゅう》の乱です。

注意してほしいのは、鎌倉幕府が成立していたとはいえ、皇室や公家の持つ荘園は健在で財政的基盤は依然強固であり、その権威もある程度の力を持っていたのです。武家政権とは別に、公家政権が京都にあり、全国の支配権が幕府に一元化されていたわけではありませんでした。

後鳥羽上皇が西国の武士を味方に軍勢を強化する一方、幕府側の混乱はひどいもので、一時は、戦わずして降伏すべし、という意見もありました。それも無理からぬものがあります。武士の棟梁である源氏の血筋はすでに絶えており、さらに朝廷に仇を成せば、たちまち朝敵の汚名を着ることになるのですから。

そういった混乱を収束させたのは、尼将軍と呼ばれた北条政子でした。政子は頼朝の妻として、彼の意思を代弁できる立場でした。彼女の檄によって、鎌倉御家人は結束を取り戻し、東国武士のほとんどは幕府側につきました。そうなれば、いくら上皇方が軍備を強化しても勝てはしません。

幕府優勢が伝わると、全国の武士たちは次々幕府方につきました。京都に向けて進軍した執権義時率いる幕府軍は10万にも膨れ上がりました。こうなっては上皇に勝ち目はなく、すぐさまその責任を家臣に押し付けて降伏します。

結果、乱の首謀者は処断され、上皇も命こそは助かりましたが、隠岐《おき》に流されます。これによって、朝廷の権威は一気に弱まります。幕府は京都に六波羅探題《ろくはらたんだい》という役所を設置し、朝廷を監視統制するようになります。また、院や上皇方についた公家や武士の財産を没収し、御家人たちを地頭として派遣しました。ここに、幕府支配の優位が確立したのです。

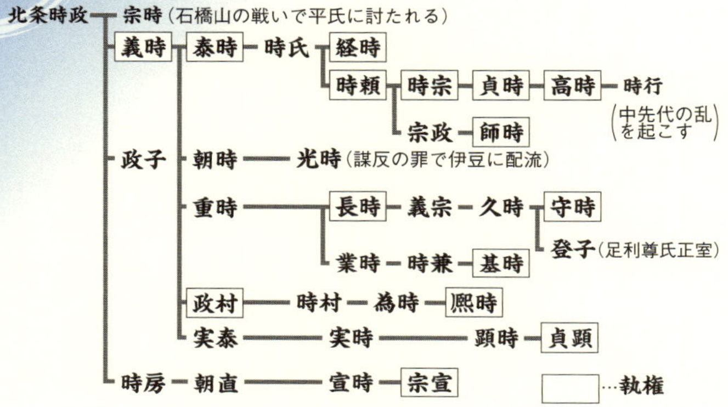

政子の弟、北条義時
野心家か、それともシスコン？

義時は鎌倉幕府の２代目執権であり、北条政子の弟です。はっきりいって地味な存在です。中学の教科書では後鳥羽上皇の承久の乱を平定した、と書かれているくらいかもしれません。

しかし、侮るなかれこの義時、なかなか優秀な武将でもあるのです。頼朝の挙兵を父の時政と共にサポートし鎌倉幕府の樹立に貢献します。その後は北条氏の支配力を維持するために、主人の源頼家を暗殺し、時政が後妻と共謀して謀反を起こそうとすれば、父といえども追放します。さらに３代将軍の実朝は、頼家の子の公暁《くぎょう》に殺されていますが、「公暁をたきつけたのも義時ではないか」という説もあります。それが真実なら、頼家と実朝は義時の甥にあたりますから、父と甥を切り捨てていったことになります。権力を守るために血も涙もなくして働いたかのように思えます。

しかしそうまでして彼が守りたかったのは、権力だけなのでしょうか。ひょっとしたら彼が本当に守りたかったのは、尼将軍として名高い姉の北条政子だったのかもしれません。

承久の乱で後鳥羽上皇を敵に回してビビル味方に、政子は「去るなら去れ、ただし私を殺してからいけ」と涙ながらに演説します。いくら政子が鼓舞しても相手は天皇家、たとえ相手が天皇本人ではなくても、間違えば逆賊扱い、日本中を敵に回します。そんなヤバイ状況で、見事に士気をまとめあげて上皇の軍を破った政子のカリスマ性は、並大抵のものではありません。

カリスマ性のある姉を慕っていたからこそ、その邪魔になるならば甥を殺し、父を追放し、ついには皇族にまで逆らったのではないか。大胆な行動で姉を支えた義時は、今でいうシスコンだったのかもしれません。

泣く子と地頭には勝てない？

——守護・地頭——

地頭《じとう》とは、鎌倉幕府の支配体制を理解する上で重要な役職で、平たくいえば荘園の管理人です。鎌倉幕府は、御家人たちをこの地頭に任命しました。

管理人といってもその力は非常に強いものです。その土地に対する警察権や徴税権などを持ち、実質的には領主のような力を持つのです。

承久の乱の後、大量に没収した土地にも多くの御家人が地頭として配置され、この地頭による各地の支配を通じて、幕府は全国を支配するのです。

もうひとつ、守護《しゅご》という役職があります。これは一国単位で置かれる、鎌倉幕府の役職です。仕事は大犯三《だいぼんさん》ヶ《か》条《じょう》とよばれるもので、大番催促《おおばんさいそく》と、謀反人と殺人犯の逮捕でした。大番催促とは、天皇の御所を警備する京都大番役に、御家人を招集し統率する権限です。

しかし、大犯三ヶ条には収入は伴いません。守護は有力御家人の中から選ばれますが、彼らの収入は、地頭職によるものが大きかったのです。

初の武家法の成立

――御成敗式目――

承久の乱の後に、北条氏は執権政治体制を強化します。義時の子、北条泰時《やすとき》は御成敗式目《ごせいばいしきもく》（貞永《じょうえい》式目）を策定します。

御成敗式目は、初めて武士がつくった法律です。これまでは律令などの法は朝廷によってつくられてきましたが、これは武士によってつくられたので、武家法ともよばれます。御成敗式目は後世の武士政権が法律を策定するときの基盤になりました。なお、武家法は武士のみに適用されるもので、貴族には公家法が適用されました。

御成敗式目の特徴は頼朝以来の先例にならい、「道理」と呼ばれた武士社会の慣習・道徳に基づいていることです。

頼朝の頃、問注所の長官は貴族でした。公正な法は政権を安定化させるための必須条件ですが、法の専門家が武士の中にはなかなかいなかったのです。

また大宝律令以来、法律は漢文で書かれていました。漢文を読むためには、それなりの訓練が必要ですが、これも武士には難儀なことでした。

しかし、泰時の時代になると、武士は政治の担い手となり、戦ばかりやっていればよいという風にはいかなくなります。そこで泰時は、あまり教養のない武士でも理解できて、使いこなせる武家法をつくりました。漢文ではなく仮名文字で、それも平易な文章で法律をつくったのです。

しかし、裁判は非常に完成されたものでした。裁判は基本的に鎌倉で行われ、訴訟ごとに判決が違うといったことがないようにしました。恣意的な法律の運用を防いだわけです。また、現在の裁判と同じように、証拠調べや口頭弁論も行われていました。いよいよ、武士が本格的に政治の担い手となってきたわけです。

「一所懸命」に守ります

――武士の生活――

この頃の訴訟のほとんどは、土地の所有や相続に関するものでした。当時の相続は、いまと同じ分割相続でした。そうなると遺産争いが起きるわけですね。遺産相続でもめて、お葬式で殴り合いなんていまでも聞くような話ですが、これが武士同士ですと、刀と刀の斬り合いになってしまうのですね。そして一歩間違えれば、地域紛争にまで発展してしまいます。

例えば平安時代後期に起こった平将門《たいらのまさかど》の乱も、発端は遺産相続だったのです。こういった訴訟を公正に裁き、自力救済（戦による決着）を防ぐことが重要だったのです。

また、意外なことですが、相続権は女性にもありました。地頭には女性もいたほどです。それに夫婦であっても財産権は分かれていました。鎌倉時代も後期になると徐々に女性の地位は低下していきますが、鎌倉武士社会においては女性の地位は、江戸時代の武士のそれよりも高いものでした。北条政子が大きな政治力をもっていたことも偶然ではなかったのです。

武士の生活を理解する上で、重要なのが惣領《そうりょう》制と呼ばれる社会単位です。一族（一門）は本家を中心として結束しました。本家の首長を惣領といい、その嫡子以外は庶子と呼ばれました。つまり、次男や三男ですね。

話は飛びますが、江戸時代の武家の次男や三男の立場は惨めなものでした。財産の相続権がないので、家を相続できない場合、他の家に養子にでるか、下手をすれば一生居候生活を余儀なくされ、結婚もできないありさまでした。

しかし、鎌倉武士は分割相続が基本なので、彼らにもそれなりの遺産相続権があり、分家することができました。このように一族単位で鎌倉幕府と主従の関係を結び、軍役の義務を果たす際には軍団を構成したのです。

また、彼らは基本的に領地に館を構えて住みました。「一生懸命」という言葉がありますが、これはもともと「一所懸命」という言葉でした。一所、すなわち自分の領地に、懸命、命を懸けるということです。武士の苗字にはその集落の名と同じものが多く、その領地を守ることは、その家を守ることと同様の意味をもったのです。

館の周りは土塁や堀で囲まれ、軍事要塞としての役割もありました。流鏑馬《やぶさめ》など騎射三物《きしゃみつもの》とよばれる、馬上で弓をいる訓練を兼ねた遊びはこの頃にできたものです。いまでも神社で儀式として行われたりします。

また、平時には館周辺の田んぼを耕作したりもしました。この時期の武士は完全に職業軍人だったわけではなかったのです。

日本列島に迫ったモンゴル帝国

――元寇――

執権北条家を中心とした鎌倉幕府が、武士による政治を確立する一方、中国大陸でも大きな変化が起こります。少し話は戻るのですが、平清盛が中国との貿易を発展させました。いわゆる日宋《にっそう》貿易ですね。清盛の時代、中国の王朝は宋でした。鎌倉中期頃になるとこの宋が、北方のモンゴル族に圧迫されて、ついに滅ぼされてしまいます。

モンゴル族の王チンギス＝ハーンは、中央アジアから南ロシアにいたる大帝国を築きます。そして、孫のフビライは中国大陸を支配し、大都《だいと》（北京）に元《げん》王朝を打ち立てるのです。

元は朝鮮半島にも進出し、ついに日本列島にも朝貢を行うように迫ります。これを幕府は無視します。これに対して元は３万の軍勢を率いて、1274年に北九州に上陸します。これが文永《ぶんえい》の役《えき》です。

このときの元軍の軍事力は、幕府を驚かせます。数もさることながら、大陸で鍛えられた元軍の集団戦法や、火薬兵器が武士たちを苦しめました。

この文永の役に参加した竹崎季長《たけざきすえなが》という武士が、戦いの様子を描かせた絵が残っているのですが、ここには、一騎で臨む武者にたくさんの矢が打ち込まれ、近くでは爆弾が爆発しています。当時の武士の戦いは一騎打ちが一般的だったので、最前線の武士は大変苦しみました。しかし幕府側の奮戦や、暴風雨によって元軍は壊滅し、この遠征は失敗に終わります。

その７年後、1281年に元はまたもや攻め込んできます。弘《こう》安《あん》の役です。元は、中国大陸の南部を支配していた宋王朝を滅ぼしていました。元軍は中国南部と朝鮮半島の二方向から日本に兵を進めます。その規模は、総勢14万といわれています。

しかし幕府も、このときまで何もしていないわけではありませんでした。異国警固番役《いこくけいごばんやく》という制度をつくり、九州の武士たちを動員できるようにし、また石塁《せきるい》というバリケードを構築していました。幕府軍が必死に抵抗を試みるなか、海上の元の船団をまたもや暴風雨が襲い、元の軍は壊滅します。

これらの戦いを元寇《げんこう》といいます。元はその後も日本遠征を試みますが、中国南部での反乱や、ベトナム遠征の失敗などがあり、実行はされませんでした。

御家人の悲鳴

――困窮する武士たちと肥大化する北条氏――

元寇は御家人たちに非常に大きな犠牲を強いました。幕府と御家人たちとの主従関係は、ご恩と奉公です。御家人たちは、奉公すなわち軍役を果たしました。ですから恩賞を当然期待するわけですが、幕府はこれに応えることができません。というのも、御家人に与える土地がないのです。元軍を撃退したものの、新しい土地を獲得したわけではありません。借金してまで軍役を果たしたにもかかわらず、褒美を受け取ることのできなかった御家人は困窮します。

元寇のほかにも御家人を困窮させる要因がありました。貨幣経済の発展と、分割相続の弊害です。

土地支配を基盤とする武士の収入は米です。しかし支出は貨幣です。そのために武士は借金をするようになっていきます。しかし、ただで金を貸す人はいません。当然、利子が取られ、武士の領地は担保にされてしまいます。もちろん、返済ができなければ、担保が差し押さえられます。土地を失う武士ほど惨めなものはありませんでした。

そして、分割相続は代を経るごとに、武士たちを零細化させました。土地からの収入だけでは生活ができない武士が増えていくのです。このように困窮する武士たちは、こぞって元寇に出陣したのですが、既に述べたように恩賞は不足していました。窮地を脱するどころか、まるっきり裏目に出てしまったのです。

幕府を支える御家人たちを救済する目的で、徳政令《とくせいれい》が数回にわたって発せられました。これは、借金を帳消しにして、差し押さえた土地をもとの持ち主に返却せよ、というものです。一時的には御家人は土地を取り戻しますが、すぐにまた借金をするようになります。しかし今度は以前のような条件で金を貸すものはいません。徳政令というリスクがあるので、融資条件が厳しくなってしまったのです。結局、徳政令は御家人たちの困窮を救うどころか、逆効果になってしまいます。幕府は貨幣経済の浸透に対応できなかったのです。

このように幕府の基盤である御家人が困窮する一方、執権を務める北条一族はどうしたのでしょうか。困窮するどころか、その支配権力を強化していました。というのも、元寇という非常事態に対応するために、国内を統率する必要があったのです。例えば、九州に北条一門の者を送り、現地の武士への支配権を確立することに成功していました。北条家の嫡流は得宗《とくそう》とよばれていました。そのため、このような北条一門による支配は得宗専制とよばれています。

内乱の時代へ

――鎌倉幕府の崩壊と建武の新政――

元寇の後、得宗の支配が強化される一方で、御家人たちが困窮していました。彼らの不満の声は募り、その受け皿になったのが後醍醐《ごだいご》天皇でした。

この頃皇室では、持明院統《じみょういんとう》と大覚寺《だいかくじ》統というふたつの血筋が皇位の継承や荘園相続を巡って対立し、それぞれの統から交互に皇位につくという、両統迭立《りょうとうてつりつ》が行われていました。後醍醐天皇は大覚寺統から即位した天皇です。

権限の強化をはかった後醍醐天皇は、二度にわたって反乱を画策しますが失敗し、隠岐に流されてしまいます。しかし後醍醐天皇のこのような姿勢に、楠木正成《くすのきまさしげ》などの悪党《あくとう》と呼ばれる武装集団が呼応します。

悪党とは幕府から見て、荘園を侵し反抗する者たちの総称で、御家人ではない独立の武装集団ということです。彼らは独自の軍事力を持ち、また、戦にも慣れていました。彼らが近畿地方でゲリラ戦を展開する中、後醍醐天皇は隠岐脱出に成功します。

この時の執権は、14代北条高時《たかとき》でした。幕府は、悪党の活躍と後醍醐天皇の復帰に危機感を募らせ、本格的な軍事力の投入を決意します。幕府の有力御家人であった足利高氏（尊氏）がその鎮圧のため京都に送られますが、その高氏が裏切り、京都は天皇方の手に落ちます。それに呼応して、足利氏と同様に幕府の御家人であった新田義貞《にったよしさだ》が鎌倉を攻め、幕府を倒します。1333年、鎌倉幕府はついに滅びます。

政権をとった後醍醐天皇は、矢継ぎ早に新政策を打ち出します。この武士と公家をひとつにまとめ、天皇親政の政権を目指す改革を、建武《けんむ》の新政《しんせい》といいます。親政とは天皇が直接政治を行うもので、中世に入ってからは醍醐・村上《むらかみ》天皇の時期に行われた延喜天暦《えんぎてんりゃく》の治《ち》を除いては、ほとんど行われませんでした。後醍醐天皇はこの延喜天暦の治を理想としていました。

しかしながら、実際に行われた政治は、武士の慣習を無視し公家に有利な不公平なものでした。また、宮殿造営などのために増税を行い、民衆の大きな不満を生みました。時代遅れになった古代の行政制度を無理に当てはめようとしたことも、政治を停滞させました。

鎌倉時代につくられた行政機構はかなり高度なものでした。政府の仕事が質、量ともに高まり、きちんとした機構が求められていたからです。しかし、建武の新政ではこういったものは無視され、天皇の命令である綸旨《りんじ》が絶対的でした。現場での判断が重視されるような局面でも、天皇やその側近たちの判断が優先されてしまうのです。この結果、行政は実情から離れたものとなり、スピードも遅くなりました。このようにして、建武の新政は数年で崩壊していきます。

ふたつの政権の対立

——室町幕府の成立と南北朝の動乱——

このような不満の声を背景に、新政開始以来、天皇との関係が微妙なものであった足利尊氏が動きます。

実は鎌倉幕府の滅亡直後にも、関東地方を中心に各地で反乱が起きていました。そして信濃国《しなののくに》で最後の執権北条高時の遺児である北条時行《ときゆき》が挙兵して、鎌倉を占領するという中先代《なかせんだい》の乱が起こります。

鎌倉は後醍醐天皇の皇子の護良《もりよし》親王が征夷大将軍として治め、足利尊氏の弟の足利直義《ただよし》がその補佐として務めていました。尊氏は早速、鎌倉に兵を進める準備をしますが、後醍醐天皇は尊氏の野心を疑います。尊氏はそれを無視して鎌倉に出兵し、乱を鎮圧します。さらにはどさくさに紛れて護良親王を暗殺してしまいます。そして1336年、京都を制圧した尊氏は、持明院統から光明《こうみょう》天皇を立て、自らを征夷大将軍に任命させます。室町幕府の成立です。

一方、後醍醐天皇も黙ってはいません。京都を脱出し、奈良県の吉野に逃げて、そこに朝廷を立てます。ここに天皇を名乗る人間が二人いるという珍しい状況が発生します。京都と、地理的にその南に位置する吉野と、二つの朝廷が対立するので、これ以降の時期を南北朝時代といいます。

さて、話はややそれますが吉野といえば桜です。でも、今の桜と違って山桜という野生種です。ソメイヨシノというのは、江戸時代に吉野の山桜を改良して作られた品種です。なぜそんな、山桜が名物の田舎に後醍醐天皇は逃げ込んだのでしょうか？

それはこの吉野が田舎であったことにこそ意味がありま

す。山深い吉野であれば、軍事力に勝る尊氏軍が大挙して押し寄せても守りやすく、かつ京の都にことあれば、一気に攻め込めるという距離でもあったのです。

このような持久戦を覚悟した南朝側に、北朝もなかなか決定的打撃を与えることができず、全国の武士はそれぞれが有利と思う側について争いました。京都を制した尊氏の北朝が比較的有利であることは確かなのですが、南朝側には楠木正成や新田義貞など、かつては尊氏とともに戦った名将たちがつき、形勢は危ういものでした。さらに厄介なことに、尊氏の弟、足利直義の反乱までが発生し、この戦いは混迷を深めます。

しかし、3代将軍足利義満《よしみつ》のころには、この戦乱も北朝優勢が決定的となり、南朝が北朝に吸収される形で、1392年に南北朝の動乱は収束します。

全国支配ができない室町幕府

――守護大名と守護領国制――

室町幕府は京都に置かれました。室町とは京都の地名です。幕府というと、圧倒的な軍事力で全国を支配した武士の政権というように思えますが、初期の室町幕府のおかれた状況はそれとはほど遠いものでした。室町幕府にとっては、まずその支配を確立することが急務でした。そこで幕府は各地の守護に徴税権を認めます。鎌倉時代の守護職は収入を伴わないものでしたが、室町幕府は全国の有力武将を取り込むために、彼らを徴税権や直轄地を伴う守護職に任じたのです。このような大きな権力をもった武将を守護大名といいます。そして守護大名による一国支配の体制が、守護領国制です。

その結果、室町時代中期には守護大名の権能が肥大化し、幕府はいわば守護大名の連合政権のようになってしまいます。有力な守護大名には、足利将軍家の一族である斯波《しば》氏・畠山《はたけやま》氏・細川《ほそかわ》氏をはじめ、山名《やまな》氏・大内《おおうち》氏・赤松《あかまつ》氏など、数か国を支配する者がいました。

政治制度は鎌倉幕府に近いものでした。将軍を頂点として、その下に管領《かんれい》という職が置かれました。彼らが実際の行政を指導します。管領の指揮監督の下、侍所、政所、問注所が設置されていました。これは鎌倉幕府と一緒ですね。

管領という役職は、鎌倉幕府の執権と似ています。職務に多少の違いはあるのですが、だいたいは似たものと考えてよいと思います。しかしそれでは、執権職を北条氏が独占したように、管領が将軍家を乗っ取ってしまう恐れがあります。そのため、管領職は複数の家が交代で取りしきる仕組みになっていました。三管領と呼ばれる、有力守護の斯波氏・畠山氏・細川氏がこれにあたります。これとは別に、関東周辺を統治する機関として鎌倉府が設置されました。長官は足利尊氏の子孫が世襲し、鎌倉公方《くぼう》と呼ばれました。公方というのは、将軍の通称です。

やや余談になるのですが、南北朝合一の後、南朝と北朝は交代で皇位に就くことになっていました。しかし、北朝主導で進められた統一ですから、この約束は果たされることなく、南朝の系譜は傍流となっていきます。こんな話は歴史の中にはいくらでもあるのですが、第２次大戦の直後の1951年に突如この問題が再浮上します。自分は南朝の末裔だと称する男性が、裁判所に「天皇裕仁（昭和天皇）は正統な南朝天皇から皇位を奪ったので天皇に不適格である」と訴えたのです。彼がいわゆる「熊沢天皇」です。後醍醐天皇と対立して別の天皇を立てたのは、足利尊氏です。手続きの正当性は南朝にある、という彼の主張にも一理あるといえます。それでは、この訴訟は熊沢天皇の勝訴になったかというと、そうはなりませんでした。「天皇は裁判権に服さない」ということで、訴えそのものが退けられました。

さらにこの熊沢天皇が後醍醐天皇の血を引くかどうかというのも、歴史学的には疑義が呈されています。今ではちょっとした都市伝説のような扱いですが、南北朝時代の皇位継承のゴタゴタが、近代になっても浮上したわけです。

海賊対策から始まった

——勘合貿易——

南北朝合一を果たした3代将軍足利義満の頃には、政権も安定し、経済的にも新たな局面を迎えます。さて、元王朝が支配した中国大陸はその後どうなっているのでしょうか。1368年に朱元璋《しゅげんしょう》がモンゴル族を追い出して、漢民族による国家、明《みん》を建国しています。漢民族というのは、中国語を話すいわゆる中国人です。漢字の「漢」ですね。そして、明はそれまでにないような厳しい入国管理を行います。これを海《かい》禁《きん》政策といいます。日本でいえば鎖国です。

この頃、中国や朝鮮の沿岸部には、倭寇《わこう》と呼ばれる日本人の海賊がたびたび出没していました。北九州を基盤とした海賊集団の対策に明王朝は苦慮していたのです。海賊といっても彼らは普段は武士だったり、漁民だったりします。その一方で、海運や貿易も行っていました。しかしそれがうまくいかないときは、海賊行為を働くわけです。いずれにしても、明の海禁政策にとってはやっかいなものです。

自国内に海賊の拠点があるのならば、明王朝の力をもってすれば制圧するのもそれほど難しいことではないのですが、よその国にあるとなれば、そうそう手が出せません。そこで室町幕府に協力を要請してきます。これに応じる形で足利義満は、日明貿易をはじめます。日本が明に貢物をするという朝貢貿易の形式が取られ、これは勘合《かんごう》貿易とも呼ばれます。倭寇による非合法の貿易と区別するために、明に向かう船には勘合という証明書が持たされました。勘合は文字印を押した紙を半分にしたものです。これを日明双方が所持し、組み合わせて照合したのです。

現金取引だけじゃない！
――貨幣経済の進展――

鎌倉時代後期から室町時代にかけて、非常に農業生産力が高まりました。その背景には技術革新があります。例えば田畑の耕作には人力だけでなく、牛や馬が用いられました。牛や馬なんていうとすごく原始的なイメージがありますが、日本の農業が機械化されて、トラクターなどが一般の農家に普及するのは、ここ20～30年の話です。それまではずっと牛や馬が、耕作には必要不可欠でした。それくらい牛馬耕は非常に革新的な技術だったのです。また二毛作、さらには三毛作が可能になりました。これは米を作っていない時期の田んぼを使って、麦や雑穀を作るものです。

このように農業生産力が高まると、余剰生産物が発生します。自分の家で食べきれないほどの作物が収穫できるようになれば、人に売ることもできるのです。そのような流通を円滑に行うために、定期市が開かれるようになります。今でも○日市というような地名があったりしますね。例えば、四日市であれば毎月4の付く日（4、14、24）に市が開かれる場所だったと考えられます。毎月決まった曜日に縁日が開かれるといったことも、現在でも残っていますね。

この頃には金融業や運送業も生まれています。遠隔地でも現金を用いず決済のできる小切手のようなシステムや、倉庫を持つ運送業者なども生まれます。これらの業種の登場で、流通は非常に高度なものとなります。

例えば京都で生産された織物を、購入したい博多の問屋があったとします。問屋は金融業者に口座を開いて、一定額を預け入れます。そして京都で欲しい生地を買い、支払いを小切手で行います。織物屋がその小切手を京都の金融業者へ持ってゆくと、額面の金額を現金で受け取ることができます。金融業者は問屋の口座から手数料を足した金額を差し引き、帳簿に記入するのです。このような仕組みで、遠隔地に現金を運ぶ危険や手間を省くことができます。また品物も、いつもある程度の量を博多の貸倉庫に保管しておけば、倉庫内で品物の名義を変えるだけで、問屋は小売店に品物をおろすことができるのです。

このような品物も現金もほとんど動かさず、帳簿上だけで取引を行うような取引は、現在の流通では当たり前のことですが、これに近いものが鎌倉後期から室町時代にかけてすでに機能していたのです。

村社会のはじまり

――惣村の発達――

産業の発達にともない農民の生活も向上し、有力農民の中には新たに武士になるものも出てきました。これを地侍《じざむらい》といいます。江戸時代より前の階級制度は、それほど厳しいものではなく、武装する実力のあるものが武士となる、といったことも少なくありませんでした。また、商業をいとなみ富を得る農民も出てきました。

農民が力をつけるにしたがって、近畿地方では惣村《そうそん》という自治的な村落が生まれてきました。農民たちは神社などで寄合《よりあい》という会議を持ちました。そこでは、治水や共有地の管理についての話し合いが行われ、惣掟《そうおきて》という惣村内の規則も作られました。惣掟に反したものには裁判が開かれ、村八分《むらはちぶ》や追放といった厳しい処分がなされる場合もありました。村八分というのは、村の生活に10あるとされる共同行為のうち、葬式と火事以外の一切の行為（八分）について交流を絶つという意味です。現代でも「ハブる」という言葉がありますが、これが語源であるともいわれています。

また、治水をめぐって河川流域の村々でトラブルが発生する場合もありました。上流の村が水を使いすぎて、下流の村が文句をつけるといったようなものです。稲作を営む農民にとって治水の問題は死活問題です。水を巡るトラブルは、処理を誤れば、殺傷事件になりかねません。そのために惣村間で話し合いがもたれるなどして、村同士の広域の結びつきがつくられました。

時代を映したハデとジミ
——金閣と銀閣——

金閣寺と銀閣寺は、京都でも有数の観光地ですね。修学旅行で訪れたという人も多いでしょう。でも金閣寺と銀閣寺という名前は俗称で、正式には鹿苑《ろくおん》寺と慈照《じしょう》寺といい、金閣、銀閣は寺の一部に過ぎません。

金閣は３代将軍足利義満によってつくられました。きらびやかな金閣は、義満の治世を象徴しています。国内的には南北朝合一を成し遂げ、有力守護大名を次々と討ち、幕府の支配を確立しました。対外的にも勘合貿易をスタートさせ、大きな富を手にしました。

一方の銀閣は、8代将軍足利義政《よしまさ》によってつくられました。銀閣のひっそりとした佇まいは、義政の時代を象徴しています。幕府に義満の頃のような繁栄は、すでにありませんでした。義政の父、足利義教《よしのり》が有力守護の赤松満祐《みつすけ》に殺されてしまうなど、幕府は弱体化し、有力守護たちが権力争いを繰り広げるようになっていました。そんななか、あまり政治に興味をもてなかった義政は、政争を避けるように銀閣を建て、そこで時を過ごしたのでした。政治の実権は妻の日野富子《ひのとみこ》と、有力守護が握っていました。政治に興味をもてない夫を尻目に、皮肉にも妻は政治に非常に熱心でした。

戦乱の時代の始まり

――下克上――

義政が将軍としてリーダーシップを発揮できない状態が続くなかで、彼は29歳の若さで引退を決意します。

そこで将軍の跡継ぎ問題が発生します。男子のいない義政は、弟の義視《よしみ》を後継者に選ぶのですが、その後になって妻の富子に男子が生まれます。足利義尚《よしひさ》です。

夫の早すぎる引退に不満を持っていた富子は、義尚の将軍後継に奔走します。義視側も義尚側もそれぞれ有力守護を後見にして、将軍の地位を争うようになりました。

もともとあった守護大名の間の権力争いが一気に表面化し、1467年、全国を巻きこむ終わりの見えない戦いに突入します。これが応仁《おうにん》の乱です。その後、10年に及ぶ戦乱によって京都は荒廃し、将軍の地位は有名無実化してしまいます。このような戦乱のなかで、下の者が上の者を倒し権力を手にする、下克上《げこくじょう》と呼ばれる動きが進み、時代は戦国時代へと入っていきます。

年表でかくにん！　鎌倉時代から室町時代

1203

源実朝《さねとも》が将軍就任

・北条時政《ほうじょうときまさ》が政所別当《まんどころべっとう》（執権）となる

1221

承久《じょうきゅう》の乱

・六波羅探題《ろくはらたんだい》設置

1232

御成敗式目《ごせいばいしきもく》の制定

1274

文永の役

1281

弘安の役

・永仁の徳政令（1297）

1333

鎌倉幕府の滅亡

1334

建武《けんむ》の新政

1336

建武式目《しきもく》

・南北朝時代はじまる

1338

足利尊氏が征夷大将軍に就任

1392

南北朝合一

・南朝の後亀山《ごかめやま》天皇が北朝の後小松《ごこまつ》天皇に譲位

1467

応仁《おうにん》の乱（1467～1477）

第4章

戦乱の時代

戦国時代から安土桃山時代へ

出自はさまざま　戦国大名

――戦国時代と戦国大名――

戦国時代は応仁の乱から始まります。この戦乱によって幕府の権威は低下し、幕府の力の及ばない独自の支配権をもった戦国大名が力を増していきます。

さて、戦国大名と守護大名（おぼえていますか？）はどうちがうのでしょうか。端的に言ってしまえば、戦国時代の大名はみな戦国大名です。しかしその出自は様々です。ちょっと分類してみましょう。

まずは守護大名型です。代表的な大名としては、甲斐《かい》の武《たけ》田《だ》氏、駿河《するが》の今川《いまがわ》氏が有名です。彼らは室町幕府が健在であった頃から、守護大名として力を持っており、戦国時代になってもその力を失いませんでした。

次に、守護代《しゅごだい》・国人《こくじん》型があります。守護代とは、守護大名の代理として現地に派遣された守護大名の家臣です。しかし戦国時代に入って、勢力を失った守護大名を裏切り独立する者が現れます。信長《のぶなが》を輩出した織田《おだ》氏や、のちに上杉《うえすぎ》を名乗るようになる長尾《ながお》氏などが代表格です。また国人とは、守護大名に対して半独立的な地位にあった中小の領主たちです。彼らも守護大名の力が衰えるのを見て独立する者が増え、なかには国を手にする者も現れます。中国地方を手にした毛利《もうり》氏や、東北に勢力を築いた伊達《だて》氏が国人型です。

しかし、実はもっとも戦国大名らしいといえる人たちは、上のパターンには収まらないかもしれません。例えば鎌倉公方を殺し、相模《さがみ》を手にした北条氏。また、美濃《みの》の斉藤《さいとう》氏は油売りであったといわれます。彼らの出自に関しては不明な点が多くいまでも議論がありますが、いわゆる武士ではない人が、実力でのし上がって国を持つことがあったのです。一番戦国大名らしいのが、下克上を地でいくこのタイプかもしれません。

種子島から伝わった
――鉄砲とキリスト教――

室町幕府がその力を失い、各国の大名が実力を伸ばしつつある頃、のちの日本に大きな影響を与える2つのものがヨーロッパから伝えられます。鉄砲とキリスト教です。

1543年、ポルトガル人を乗せた中国船が種子島《たねがしま》に漂着したのをきっかけに鉄砲が全国に広まることになりますが、最初に伝わった地名から「種子島」と呼ばれていました。この「種子島」、1543年に伝わったということで「以後予算（1543）が増えた鉄砲の伝来」なんて覚え方もありますが、高価な武

（98ページへ続く）

武田信玄

連戦連勝の猛将？

武田家三代（信虎《のぶとら》、信玄《しんげん》、勝頼《かつより》）はそれぞれ父親の特長を部分的に受け継いできたといえます。信虎は勇猛果敢タイプ、信玄は勇猛であるだけでなく、冷静沈着な頭脳派タイプの性格も持ち合わせ、その息子の勝頼は頭脳派でした。

史上最強ともいわれる騎馬軍をもつ武田家の本拠地である甲斐は聖徳太子の愛馬（甲斐の黒駒）の出生地でもあり、平安時代には３つの官営牧場が置かれるほどに名馬の産地でした。また、信玄は武力頼みの戦いではなく策略を用いることによって、味方の損失を最小限に抑えて勝つことを第一としていました。これは兵士や領民の疲れも省みず、戦を重ねすぎた父を見ての反省だったのかもしれません。

しかし、武田信玄が名将といわれる理由は戦争に強かっただけではありません。信玄は領国経営にも力を入れます。洪水に悩まされていた甲斐に、堤防である信玄堤《しんげんつつみ》を築いたことは有名ですし、国内統治のために甲州法度之次第《こうしゅうはっとのしだい》を定めました。今日でいう民法、刑法のようなものです。ここに「戦争で勝つことこそ第一」としていた父・信虎と、信玄との違いが現れているといえるでしょう。

信玄が遺したといわれる有名な言葉に「人は城、人は石垣、人は堀」という言葉があります。戦国武将にとって城、石垣、堀は領地を守る重要な設備です。人をそれらにたとえるということが、自分の部下や領民を大事に思っていた証しといえるのではないでしょうか。「その城にいるのは信玄なんだから、結局自分を守る道具として考えたんだろ」と言われてしまうかもしれませんが。

戦に強く、領国経営も順調だった武田信玄ですが、最大のライバル上杉謙信《けんしん》の登場によって11年もの長期戦を強いられ、その後に病死してしまいます。息子の勝頼が後を継ぎますが、策略重視の勝頼は勇猛果敢な武田の武将とそりがあわず、統率力を失った武田家は長篠の戦で織田・徳川連合軍に敗れ、その後崩壊の道を辿っていくことになります。

器ですので実際には予算を圧迫したことでしょう。

戦国大名が幕府の命令を聞かなくなっていったと同時に、彼らは自分たちの国内だけに通用する法律を作ります。これを分国法《ぶんこくほう》といいますが、今でいう地方条例をイメージしてもらうといいと思います。有名なものに今川家の作った「今川《いまがわ》仮名目録《かなもくろく》」や、武田家の作った喧嘩両成敗《けんかりょうせいばい》の定めを含む「甲《こう》州法度之次第《しゅうはっとのしだい》」などがあります。

分国法は、現代の条例のように地方の実情に沿った行政が円滑に進むことを目的とするだけでなく、戦国大名の権力のシンボルとしての性格も持ちあわせていました。

天下統一の基礎をつくった男
――織田信長――

いよいよ戦国時代を終わらせ、天下統一の土台をつくった武将、織田信長の登場です。織田信長、豊臣秀吉《とよとみひでよし》、徳川家康《とくがわいえやす》の三人を比較した江戸時代の狂歌、「織田がつき羽柴がこねし天下餅　座りしままに食うは徳川」が有名です。

また、こんな川柳も江戸時代につくられました。

「鳴かぬなら殺してしまへ時鳥《ほととぎす》 織田右府」

織田右府とは当然、信長のことですね。道がないなら自分で作ってしまえ、といわんばかりの強引さと、短気で豪胆な性格が表現されています。

「鳴かずとも鳴かして見せふ杜鵑《ほととぎす》 豊太閤」

豊太閤とは秀吉ですね。創意工夫と説得で、地位を築いた秀吉を表しています。

「なかぬなら鳴くまで待よ郭公《ほととぎす》 大權現様」

大権現とは徳川家康のことです。幼少期からひたすら耐え忍び、ついにチャンスをものにした家康の忍耐強さを表しています。

さて、短気な信長ですが、元は尾張の小大名で、天下統一など夢のまた夢と思われていました。

ところが1560年、彼の運命は大きく変わります。桶狭間《おけはざま》の戦いです。

当時尾張の東にあった大国駿河の大名、今川義元《よしもと》が上洛しようと二万五千の兵を率いて行軍していたところ、尾張通過中に信長は二千とも三千ともいわれる少数の兵士で義元の軍

（102ページへ続く）

織田信長
自分を神だと勘違いした男

巷では「決断力がある」「大胆」「上司にしたい」と大人気の織田信長ですが、そんなにいい面ばかりじゃないだろう、ということでちょっと意地悪に見てみましょう。

まず、信長が決断力がある、大胆といわれるのは、桶狭間の戦いで今川義元率いる大軍２万５千の兵を３千程度の軍勢で打ち破ったことに始まります。これをきっかけに次々と有力大名を破り、領地を拡大していくわけですが、と同時にそれまでの権威や伝統といったものもなぎ倒していきます。1571

年には自分に敵対する浅井・朝倉を支援する延暦寺を焼き討ちにして、仏教に対する挑戦的態度を示し、さらにキリスト教徒も保護しました。

また、それまで征夷大将軍であった足利義昭を京都から追放して足利幕府を事実上消滅させ、さらに商人による市場の独占や座（組合）といったものを廃止して誰でも自由に商売ができるようにします（楽市楽座《らくいちらくざ》）。宗教、商人に対する挑戦は国内の雰囲気を変え、産業を発展させるのに一定の役割を果たしました。ここまでみれば「やっぱりすごい」ということになります。

そう、やったことは確かにすごいんです。ただ、あまりにも人を使い捨てにしすぎたんじゃないか、というのが筆者の感想です。

信長は領土を広げるにつれ、織田家の重臣や、自分にとって耳の痛いことを進言する武将を隠居させたり、追放していったので、そのうち信長に忠告する家来がいなくなります。そんななかで明智光秀だけが何かにつけて信長に反対していたので、領地を取り上げたり、嫌な仕事をやらせていたところ、本能寺で復讐されてしまったというわけです。

改革者としては有能でも、どうやら人間の心についてはあまりわかっていなかったようです。

を破り、その首を挙げたのです。

このことから、義元は馬鹿な大将だと捉えられがちですが、あながちそうともいえません。義元は学問に通じた武将で、自らの師であり、また家康の学問の師ともいえる僧、雪斎の助けも得て領国を順調に治めていました。しかし一時の油断が身の破滅を招いてしまったのです。油断大敵とはまさにこのことでしょう。

さて、今川義元を破って勢いに乗る信長はその後、舅の斉藤道三《どうざん》の領土である美濃を奪い、1575年には徳川家康との連合軍によって、長篠《ながしの》の戦で武田家を破ります。

このとき、天下にその名を轟かせる武田の騎馬隊を破るのに役に立ったのが鉄砲でした。信長は鉄砲をいち早く戦に用いた武将の一人といわれています。また信長はキリスト教の布教に許可を出したり、洋服を着たりもしていました。情報通で新しもの好きな性格のおかげで、国力を伸ばしていくことができたといえるでしょう。

武田を破った後、中国地方の毛利氏討伐を秀吉に任せていた信長は、その秀吉から援軍を要請されます。ではさっそくと準備をしていたさなか、1582年6月、家臣の明智光秀《あけちみつひで》の謀反に遭い、志半ばにして死亡します。これが「本能寺《ほんのうじ》の変」です。

信長はなぜ、そして誰に殺されたか

――本能寺の変――

信長の死についての本は数多く出ていますので、興味のある方は読まれてみるといいと思いますが、せっかくなのでもう少しだけ触れてみたいと思います。

まず実行犯は明智光秀であると見ていいでしょう。本能寺の変は史実として残っているので、みんなで口裏を合わせて偽の文書を残したのでない限りは、光秀の仕業と考えるのが自然です。

では計画したのは誰か？大きく分けてこれにはふたつの説があります。一つはやはり光秀説です。根拠としては光秀が信長に領土を取り上げられるなど、様々ないじめにあっていたことが挙げられますが、一番の理由は、光秀が元は将軍の家臣であったことにあると考えられます。

光秀は元々、足利将軍家の家臣であり、それを信長が将軍に申し出て自分の家臣にしたのでした。となると、光秀からみれば信長も同じ将軍家の家臣であり、信長を畏れ敬うという気にはなれなかったのかもしれません。ましてや昔の主君である足利義昭《よしあき》は信長によって将軍家を追われてしまっているので、信長憎しの感情があっても不思議ではありません。

信長のいじめも重なって、そのような感情が日に日に高まりついに……という事は十分にありえたでしょう。

もう一方の説としては、秀吉説、または家康説、といった陰謀説があります。秀吉説の根拠を少しだけ説明すると、それは秀吉の中国大返しにあります。

当時、毛利攻めをしていた秀吉は本能寺の変の後、２日で約70㎞の道のりを引き返して姫路城に戻っています。今と違って道路も整備されていない時代に、徒歩・騎馬合わせて何万人という軍勢が、わずか２日で70㎞進むのは無理があるのではないか。秀吉は信長が殺されることを知っていた、つまり計画したのは……というのが秀吉説です。

動機としては、信長は勢力を伸ばしていくにつれ独裁色を強め、織田家の重臣たちを次々と隠居させるなどして遠ざけていました。次は俺の番か、と焦った秀吉が先手を打ったのでは、と考えられています。

このように、本能寺の変は歴史好きの間で大きな謎として今も話題になっています。少しでも興味を惹かれたなら、それをテーマにした小説や専門書を読んでみると「日本史は面白い！」と思うきっかけになるかもしれません。

一気に駆け上った秀吉

――本能寺の変、その後――

信長が本能寺で明智光秀の謀反に遭って死んだことを聞くと、秀吉は中国地方攻略を中止してすぐに姫路城に引き返します。そこで準備を整え、山崎《やまざき》の合戦で光秀を破り、信長の後継者争いのトップに躍りでます。

織田家には秀吉の他にも柴田勝家《しばたかついえ》などの有力武将がいましたが、結局、信長の長男である信忠《のぶただ》（本能寺の変で自害）の嫡男、三法師《さんぼうし》を秀吉が後見するという形で決着がつきました。後継者争いで勝った秀吉は、勢いに乗って邪魔な織田家の重臣を滅ぼし、あるいは配下に加えます。そして1585年に関白に就任し、1590年には関東最大の大名、北条氏を滅ぼして全国統一を成し遂げます。

本能寺の変の後、全国統一までわずか８年で駆け抜けた秀吉ですが、朝鮮出兵という失敗を犯します。1592年と1597年の２回、出兵を試みますがいずれも失敗におわります。

朝鮮を支配した後には明を攻める事も考えての出兵でしたが、計画が壮大すぎました。結局、第２次出兵中の秀吉の病死により撤退することになります。

朝鮮出兵は秀吉が誇大妄想にとりつかれたとか、頭が変になったとか、いろいろと言われていますが、一つ面白い説があるので紹介しておきます。それは軍事エネルギー発散説です。

日本国内を統一してしまっても、膨れ上がった武器や防具の生産はすぐには縮小しません。そのままでは巷に不要な武器が溢れかえることになります。

また、豊臣家の支配の下、ほかの大名から奪う以外に領土の拡大のしようがない大名同士が争うこともありえます。そうなれば、せっかく統一した天下が再び乱れることになってしまう。それはなんとしても避けねば、ということで、外国に矛先を向けさせて、国内に充満していたヒト・モノ両面のエネルギーの暴発を防いだ、という説があるのです。

攻められる側にとっては迷惑千万な話ですが、興味深い説ではあります。

さすが農民出身

――秀吉の政策――

秀吉の政策として有名なのは、なんといっても刀狩《かたながり》と太閤《たいこう》検地《けんち》です。これこそ秀吉の真髄、まさに経験こそが物をいうといっても過言ではないでしょう。

さて具体的に何をしたのかというと、秀吉は大仏造営を口実に金属が必要だとして農民から武器を没収します。全国統一を成し遂げて、あと怖いものはというと農民の一揆だったわけです。生活が苦しい農民（地《じ》侍《ざむらい》）時代、自分も一揆を起こしてやろうかと何度も考えたのでしょう。

続いて全国に太閤検地を実施します。これによって、全国の農地の面積と質を調べ、収穫高を石高《こくだか》で管理するようになりました。このときも、「農民は年貢を少しでもごまかそうと自分の土地を狭く、質も悪く申告する。だまされないように徹底的に調べよ」などと、自分が農民時代に苦しかったことなど忘れて（ある意味ではよく覚えていて）、指示していたことでしょう。

この二大政策によって、農民と武士の身分がはっきり区別されるようになりました。それまでは戦争になったら、農民が武器を持って戦うなんてこともよくあったのですが、秀吉によって刀狩、太閤検地が行われたため、農民は農業に専念することになり、兵農分離が進んでいきました。また実際に身分統制令というものが出されて、農民が武士や商人になったり、武士が農民になることを禁じられました。

士農工商それ自体は江戸時代にできた制度ですが、その基礎となる部分は秀吉がつくっていたのです。

豊臣秀吉

最強の人たらし

秀吉といえば人たらしで有名です。女好きであることは有名ですが、男もどんどんたらしこみます。単なる人好きか、それとも、自分の能力がそんなに高くないことをわかって、人に気に入られること、人の協力を得ることが出世の早道だと思ったのか、信長をはじめいろんな武将をたらしこんでいきます。

織田家の幹部の丹羽長秀からは、字をもらって木下藤吉郎から羽柴秀吉と改名して丹羽に気にいられたり、信長に仕える気はないという高名な軍師、竹中半兵衛を、秀吉になら仕えてもよいという気にさせたり、同僚の前田利家と親しくして天下取りの足場を築いたりと、縦横無尽なたらし込みぶりです。

しかしなんといっても最高の見せ場は信長の仇、明智光秀を討った後です。秀吉は信長の後継者に、信長の嫡男である信忠の長男、三法師を推し、自らはその後見人となります。さらに後継問題や領地をめぐって対立した織田家の家老・柴田勝家を破り、名実ともに信長の後継者の座を手にします。その２年後には関白に就任し、全国に総無事令（簡単に言えば天下統一宣言）を発します。

徳川家康は秀吉の臣下に入ることを拒んでいましたが、秀吉が妹を家康の側室として差し出し、さらに生母まで人質として差し出したことから、ついに大坂城に謁見にやってきます。謁見の前夜、秀吉は家康の屋敷を一人で訪ねてきて、こう頼みます。「家康殿、遠いところわざわざ訪ねてきてくれてありがとう。私は背が低いし禿げているし、どうにも威厳がない。そこで明日は、家臣の前で目いっぱいあなたの前でふんぞり返るから、私にひれ伏してくれないか」

当時最大のライバルであった家康のところに夜中一人で向かう大胆さに加えて、こんなことを平気で言う秀吉の屈託のなさ、これに負けて家康は、秀吉の存命中は豊臣家に対して戦争を仕掛けないことにしてしまったのです。

ねね（北の政所）

ほんとに良妻？

ねねについては、「本当は“おね”が正しいんだ！」と主張する人もいて、ＮＨＫも大河ドラマ「秀吉」「利家とまつ」では“おね”としていました。でも「功名が辻」では“ねね”に戻っていて、あまり“おね”は定着しなかったようです。それはそうと、このねね、昔は秀吉の天下取りを支えた立派な奥さん、といわれていました。

ところが最近、少し見方が変わってきているようです。確かに、秀吉の天下取りにねねは重要な役割を果たしたといっていいでしょう。信長の遠縁にあたり、名門浅野家の出身（忠臣蔵の浅野内匠頭《たくみのかみ》もこの家の出身です）という血筋も秀吉が出世するには大いに役に立ったはずです。また、秀吉とねねの間には子供がいませんでしたが、秀吉子飼いの武将といわれる石田三成や加藤清正、福島正則らはねねが育てたといわれており、彼らからは「おふくろ様」と呼ばれ、いわば「豊臣家の母」のような存在でした。しかし、彼女が豊臣家に尽くしたのは秀吉が生きていた頃までのお話、秀吉の死後、関ヶ原の戦いでは何と徳川家康を支持し、加藤や福島さらには自分の甥の小早川秀秋にまで家康に味方するように指示し、結果、豊臣家を滅ぼすことになります。小早川が土壇場で家康に味方したことが、東軍の勝利を決定的なものにしたのです（ただし、ねねは西軍を支持したという説もあります）。

ねねを家康に味方させたものは何だったのか。時代の流れが徳川にあることに気付いていたのかもしれません。しかしひょっとしたら、秀吉の側室である淀君とその子、秀頼が秀吉の後を継いで権力を握ることよりも、自分と秀吉で作りあげたものは一代限りで終わらせてしまおう、そう思ったのかもしれません。そこには良妻の顔はなく、淀君や秀頼では天下が乱れてしまうという冷静な頭が働いたのか、夫の愛人の子に天下を取らせまいとする思いが強かったのか、それは誰にもわかりませんが。

我慢に我慢を重ねた武将

——徳川家康——

家康は、現在の愛知県東部の三河《みかわ》の小大名でした。弱小勢力ゆえ、隣国の有力大名今川氏の支配を受けていました。しかし織田信長が今川氏を倒すと、その信長と連合し、勢力を静岡県一帯に広げます。信長との連合は、信長の死まで続きます。

しかし、本能寺の変においては、滞在していた堺から逃げるのに精一杯で、秀吉に先を越されてしまいます。いったんは秀吉と戦を構えますが勝敗はつかず、その後は秀吉に従います。

東海地域に勢力をもっていた家康は、秀吉に関東への転封を命じられます。今でいえば、転勤といったところでしょうか。自分が手塩にかけて作り上げた城や街を捨てるのは非常につらいことだったと思われますが、家康はこの命令に従い関東に移り、東京湾の奥にある小さな町を拠点にします。これが江戸です。そして、この江戸を着々と開発していったのです。

秀吉が朝鮮出兵を進め、各地の大名が忠誠心を示そうと競って朝鮮に兵を出すなか、家康は兵を出さず、勢力を温存します。そして家康は秀吉の死後、豊臣家に次ぐものとなった勢力を背景に、徐々に発言力を増していきます。

秀吉は五大老《ごたいろう》と五奉行《ごぶぎょう》という役職を作っていました。五大老は家康を初めとする有力大名で、五奉行は秀吉の家臣で構成されました。秀吉の一人息子、秀頼《ひでより》をこれらの役職で補佐するというのが、秀吉の予定していた体制でした。

しかし、家康は徐々に独立色を強めます。それに対して、秀吉に恩のある家臣は反発し、ついに1600年、五奉行の一人石田三成《いしだみつなり》と家康が衝突します。

これが関ヶ原の合戦です。全国の武将が二つの勢力に分かれ、家康率いる軍は東軍、三成率いる軍は西軍と呼ばれました。戦いは、両軍あわせて18万という日本史上稀に見る大合戦でした。家康は西軍の軍勢を次々と裏切らせて、この戦いに勝利します。

これで家康は政治の主導権を確立し、豊臣家は近畿地方の一大名になってしまいました。

翌年家康は、征夷大将軍に就任します。しかし、すぐにその地位を息子の徳川秀忠《ひでただ》に譲り、自らは大御所《おおごしょ》として、つまり元将軍として政治を行います。これは自らの死後も徳川の支配が続くように配慮したものと思われます。

そして、のちの徳川家にとって禍根となるであろう、豊臣

（116ページへ続く）

徳川家康

独創性のなさが売りだった武将

「織田がつき　羽柴がこねし　天下餅　座りしままに食うは徳川」という有名な狂歌があります。じっくり待って最後に餅＝天下を食べる、というのがいかにも家康らしい、というのがここでのお話です。

家康が関ヶ原の戦いで石田三成を破って実質的に天下を取ったのは 58歳のときです。人生50年といわれていた時代ではとっくに死んでいたような年齢で、現役の武将として徳川家を引っ張り、さらに天下取りまで果たした家康のコツは「マネブ」ことにありました。

「マネブ」というのは漢字で書くと「真似ぶ」であり「学ぶ」の語源であるといわれます。家康は3歳のときに今川家に人質に出され、一時は織田家に捕えられていた時期もあったものの、元服（当時の成人）するまでの青少年期のほとんどを今川家ですごします。ここで出会い、家康の学問の師となったのが、今川家の軍師である、僧侶の雪斉でした。雪斉の教えのうち、家康が後々までも自分の生き方の中心としたものが「真似ぶ」でした。

「オリジナルの考え方というものは非常に危険である。先人のやり方で今に伝わっているものは、価値のある素晴らしい方法だからこそ今まで残っているのである。成功するかどうかわからない自分のやり方にこだわるよりも、先人の教えに従ったほうがリスクが少ないのだ」

これこそが家康のやり方なのです。信長のやり方、秀吉のやり方、その他大勢の武将の統治の仕方を長年見てきたからこそ、260年も続くような幕府の基礎を作り上げることができたのです。まさに晩年まで我慢と研究をしてきたからこその成功、大器晩成の典型ともいえるでしょう。

家を攻めます。しかし、堅牢な大坂城に全国から集まった浪人（無職の武士たち）が立てこもり、一度では攻め落とすことはできず、二度目の大坂城攻めでやっと豊臣家を滅ぼします。これを大坂冬の陣・夏の陣といいます。

1615年に、家康は武家諸法度《ぶけしょはっと》と禁中《きんちゅう》並《ならびに》公家諸法度《くげしょはっと》を、息子の二代将軍秀忠の名前で出させます。前者は武家、すなわち大名を取り締まる法律です。後者は朝廷を取り締まる法律です。禁中とは朝廷をさします。

徳川家の支配体制を万全なものとしたその翌年、すべてを見届けて安心したかのように、家康は75歳で死にます。当時としては異例の長寿でした。

しかし家康は、それでも徳川家の未来に不安があったようです。彼は自分を日光に祀るようにと遺言を残します。これが日光東照宮です。日光は江戸の北西の方角にあり、風水では鬼門といわれ、悪いことが入り込んでくる方角とされました。家康は自ら神となって、死後も江戸を守るつもりだったのです。

このような家康の努力もあってかどうかはわかりませんが、1867年の大政奉還《たいせいほうかん》までの約260年間、徳川家の支配は続きます。

年表でかくにん！

戦国（安土桃山）時代

1543

鉄砲伝来

・南蛮貿易始まる

1560

桶狭間《おけはざま》の戦い

・織田信長《おだのぶなが》の「天下布武《てんかふぶ》」の印判＝天下統一の意志を明らかに（1567）

・信長、足利義昭《あしかがよしあき》を将軍職に立てて入京（1568）

1573

室町幕府滅亡

・権力拡大を図った義昭が京都を追われる

1575

長篠の合戦

・信長による安土城築城開始（1576）

・各地の一向一揆を平定。石山本願寺を屈服させる（1580）

1582

本能寺の変／山崎の合戦

・明智光秀《あけちみつひで》討伐に続き、賤ヶ岳《しずがたけ》の戦い（1583）で柴田勝家《しばたかついえ》を破り、豊臣秀吉《とよとみひでよし》が信長の後継者に。石山本願寺跡地に大坂城築城開始。

1585

秀吉が関白就任

1588

刀狩令《かたながりれい》

1590

小田原攻め（北条氏征伐）

・秀吉による全国統一

1591

人掃令《ひとばらいれい》（身分統制令）

1592

第一次朝鮮出兵（文禄《ぶんろく》の役《えき》）

1597

第二次朝鮮出兵（慶長《けいちょう》の役）

・秀吉病死（1598）

1600

関ヶ原《せきがはら》の合戦

第5章
徳川家の政治
江戸時代

ついに全国統一

――江戸幕府成立――

1600年、関ヶ原の戦いで石田三成率いる西軍を破った徳川家康は1603年に征夷大将軍となり、江戸幕府を開きます。この時点で家康は全国を統一したといわれますが、では徳川家が治めていた領地はどのくらいあったのでしょうか。

幕府が治めていた領地とは天領《てんりょう》（徳川家が直接治める領地）と旗本《はたもと》領（将軍直属の家臣が治める領地）を合わせたものをいいますが、700万〜800万石あったといわれています。日本全国で3000万石の石高があったといわれていますから、約４分の１を徳川家が治めていたことになりますね。

「んっ？たった４分の１しか直接治めることができなかったのに、なぜ日本を支配し続けられたんだ？」と疑問に思ったあなた。そこが江戸幕府の支配体制のミソなんです。各藩の配置から幕府の役職まで、よくぞここまで！と言いたくなるくらいに支配体制を作ったのが江戸幕府。少ない人数で大勢を支配するのに効率的な仕組みを作っています。

士農工商のうちの、３％でしかなかった武士が、残りの大多数を支配している時代ですから、全国の４分の１も握っていれば残りの4分の３を従わせることは難しくないことだったのかもしれません。

支配のキモは配置の妙

――幕藩体制――

幕藩《ばくはん》体制とは、幕府の監督・監視の下で、大名に藩を治めさせる制度のことです。

できたばかりの江戸幕府にとって、何より怖いのは諸大名の反乱です。関ヶ原の戦いで勝って天下統一、とはいっても幕府の領地は全国の4分の1しかありません。いつ諸大名が手に手をとって反乱を起こすか分かったものではありません。ここで一計でも二計でも案じるのが政治家のズルイ？ところです。

まず始めに大名を三種類、親藩《しんぱん》・譜代《ふだい》・外様《とざま》の3種類に分類します。徳川の親戚を親藩、関ヶ原の戦い以前から徳川家に従っていた大名を譜代、以後に徳川家に従った大名を外様といいます。

幕府にとって一番怖いのはもちろん外様大名です。大河ドラマでもよく出てくる前田や島津《しまづ》、毛利《もうり》、伊達《だて》などは外様大名の代表格であり実力も十分です。彼らに組まれてはたまりません。

そこで幕府は外様大名を互いに離して配置します。さらに、その間には信頼できる譜代や親藩を配置して監視させる。学校の先生が、席替えでおしゃべりする子たちを離して座らせる、あれになんだか似てますね。

家康の生涯最後の大仕事
――大坂冬の陣、夏の陣――

江戸幕府の基礎を作った家康は大坂冬の陣、夏の陣でいよいよ本格的に豊臣家を滅ぼしにかかります。よく勘違いされることが多いのですが、関ヶ原の戦いでは石田三成率いる西軍と、徳川家康率いる東軍が関ヶ原で合戦を繰り広げたのであって、豊臣家はこの戦いには出陣していません。西軍、東軍どちらも表向きは、秀吉の子、豊臣秀頼のため逆臣を討つというのが大義名分となっています。家康の本音はもちろん、豊臣家もそれに従う者も滅ぼすことにありましたが。

このとき石田三成は、西軍の士気を高めるために秀頼の生母、淀殿《よどどの》に秀頼出陣を願い出ますが、断られてしまいます。淀殿にしてみれば、幼い我が子を戦場に送り出すのはとんでもない、しかもどうせ家臣同士の戦いなんだから、勝った方に今までどおり命令していれば問題ないと思っていたのではないでしょうか。

しかし、世の中そんなに甘くはありません。「盛者必衰のことはりを表す」は平家物語に出てくる一節ですが、どんなに栄えていてもいずれは滅ぶ時がやってきます。

すでに紹介したとおり、関ヶ原の戦いで勝った徳川家康は征夷大将軍となり、江戸幕府を開いて支配体制を着々と固めていきます。

しかし、まだ大きな不安が残っています。大坂の豊臣家です。以前のような力は無いとしても、いまだに多くの大名がひそかに豊臣家を慕っている状態では、いつ豊臣家が復権するとも限りません。そこで家康は人生最後の大仕事として大阪に攻め込み、豊臣家を滅ぼします。これが大坂冬の陣、夏の陣です。

役職と法律と
――江戸幕府の仕組み――

大坂夏の陣で豊臣家を滅ぼした後、家康はあっさりこの世を去ります。そして江戸幕府の支配体制が確立したのは三代将軍家光の頃だといわれています。この頃には幕府の役職や法律も定まっていました。

役職について見ると、まずトップは将軍です。その下に老《ろう》中《じゅう》、若年寄《わかどしより》、寺社奉行《じしゃぶぎょう》、京都所司代《しょしだい》、大坂城代《じょうだい》がありました。幕府や国の緊急時には、将軍の下、老中らの上に大老《たいろう》と

（126ページへ続く）

江戸幕府、長期政権の秘訣
人ではなくシステムが政権を存続させた

江戸幕府はなぜ260年間も続いたのか。15代の将軍のなかには有能な人物もいれば、やっぱりどうしようもない人物もいます。にもかかわらず、鎌倉幕府、室町幕府と比べて圧倒的に長く続いた理由は、そのシステムにあると考えられます。老中以下の役職を整備し、武家諸法度をはじめとする法律や参勤交代《さんきんこうたい》などの制度の制定、さらには大名を幕府に逆らうことがないようにするために、譜代・外様大名を絶妙なバランスで配置し互いに監視させるという、幕藩体制の基礎作りを

幕府の役職

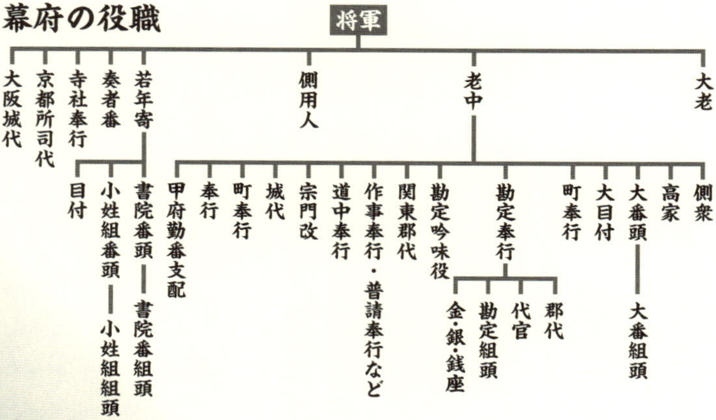

家康から家光までの三代でやったわけです。

「百姓は生かさず殺さず」と家康が言ったといわれていますが、諸大名に対しても力をつけすぎることがないように参勤交代で金を使わせ、幕府にとって危険な大名は江戸から離れた場所に配置し、周りを譜代大名で固めるといった「大名は生かさず殺さず」の態度で臨んでいたわけですね。

この政策が功を奏して、徳川家では幼い子供が将軍になってしまったり、能力として「？」な人物が将軍になることもありましたが、制度と補佐役の努力によって長期にわたって政権を握ることになります。信長や秀吉は派手で、家康は地味、そんなイメージがありますが、政権を長期にわたって握ることができたかどうかの違いはここにあったといえます。

歴代将軍の系統図

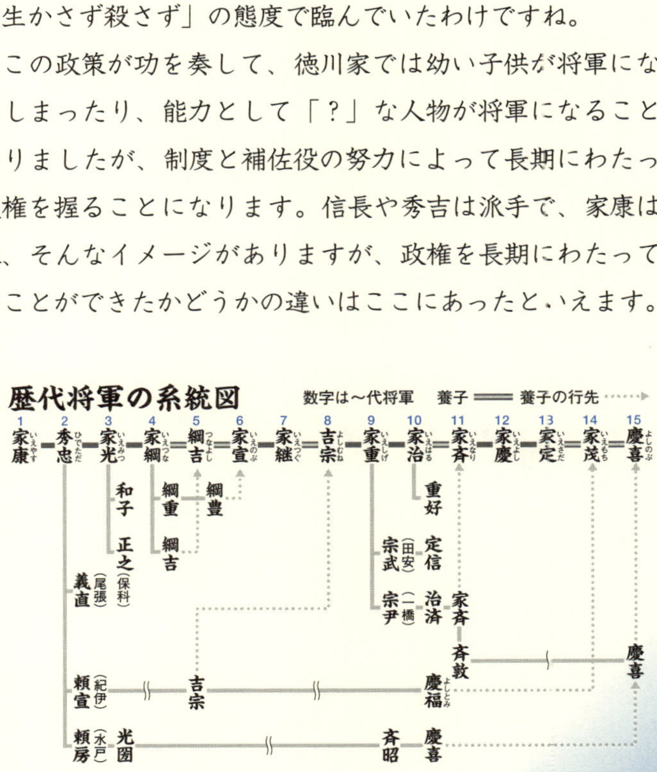

いう職が設けられました。

大老を除くこれらの職は、いまでいう「@@省」くらいにイメージしてください。老中は政治全般を取りしきる職、若年寄は老中の補佐、寺社奉行は神社仏閣の統制を担当していました。

京都所司代と大坂城代は、京都所司代には朝廷の警護という役目もありましたが、この２つは主に西国大名の監視をしていました。豊臣家を滅ぼした後も西国大名を監視する機関を必要としていたんですね。

次に、政治を実効的に動かす機関として老中の下に下部機関が置かれます。大目付、町奉行、勘定奉行と呼ばれるものです。

大目付は大名、諸役人の取り締まりを担当していました。役人を専門に監視する警察、といったところでしょうか。

次に、町奉行は江戸の町政を担当していました。いまの東京都知事みたいですね。３つ目の勘定奉行ですが、これは勘定だけに金銭だけを担当していたのかというとそうではなく、天領の政治一般（行政、財政、裁判）を司っていました。

幕府の役職を定めた後は法律作りです。政治家は法律作りが大好きです。日本で最初の成文法（文章で表された法）といわれる聖徳太子の憲法十七条以来、現在にいたるまで日本にはつねに法律が存在したといってよいでしょう。

その法律の中で、武家諸法度はその名のとおり武士に向けられた法律です。政治規則や儀礼などについて定められていました。なかでも特に注目すべきは大名の参勤交代が定められていたことです。

参勤交代は、大名が一年おきに江戸に行かなければならないという制度です。江戸に行くだけなら大したこともなさそうですが、この制度に更に「大名たるもの、その地位に見合った参上をしなければならない」とあったのです。要するに、大勢の家来を連れて盛大に江戸に来いといっているわけです。大名行列のことですね。

なぜ幕府は武家諸法度でこのようなことを言い出したのでしょうか。その狙いは、大名にお金をたくさん使わせて経済的に弱らせることにありました。大名の配置から監視役の設置、法律の制定まで、幕府の大名対策は抜かりなく進められました。

宗教も貿易も国が一括管理
――鎖国と禁教令――

戦国時代にキリスト教が日本に布教され始めると、ヨーロッパとの貿易である南蛮貿易も始まりました。

織田信長は古い仏教勢力を嫌い、キリスト教を保護しました。豊臣秀吉はキリスト教を禁止しましたが、一方で貿易は奨励していたため、キリスト教の禁止を徹底することはできませんでした。

そこで家康は1612年、禁教令を出してキリスト教を禁止し、さらに貿易については朱印船《しゅいんせん》貿易といって、幕府から朱印状を与えられた者だけが貿易をできるようにして、幕府の統制を強化しました。

なぜキリスト教は禁じられたのでしょうか？その理由は信者が増えることによって反乱が起こることを恐れたからです。それまでにも一向一揆《いっこういっき》など宗教を理由とした反乱が起こっていました。その上、さらにキリスト教徒の反乱の心配をしなければならない、しかも何万人もの教徒はヨーロッパの侵略の手先かもしれない、など危険がいっぱいでした。

そこでキリスト教を禁止し、さらに各藩が勝手に外国と貿易をしてお金儲けをしたり、強力な武器を手に入れたりすることの無いように、貿易も幕府が統制することになったのです。

キリシタン徹底排除

——江戸幕府の禁教政策——

幕府による禁教政策は、ヨーロッパでいえば魔女狩りにも似た徹底ぶりでした。まず絵踏（踏絵ともいう）を行い、町民にキリストの絵を踏ませます。ここで踏めなかったり、踏む前に「イエス様、お許しください！」などと言ってしまえば、キリスト教徒だということでアウト。改宗するか、さもなければ死刑にされてしまいました。

さらに、誰がどの宗教を信仰しているかを把握するために宗門人別改帳《しゅうもんにんべつあらためちょう》を作ります。これだけいじめられてはキリスト教徒もたまりません。ついに1637年、14歳の少年、天草四郎を首領にした一揆が起こります。

これが島原の乱です。大激戦の末、一揆を鎮圧した幕府は禁教を更に進めます。キリスト教色が濃いポルトガル船の来航を禁止し、その後はオランダと、滅亡した明にかわって成立した清《しん》だけが長崎の出島にて貿易をできるようにしました。このようにして、キリスト教は禁止され、貿易は幕府によって独占されるようになったのです。

2番目にえらいはずなのに
――士農工商――

江戸時代の身分制度といえば有名な士農工商です。実際には農にあたる百姓が全体の85％を占めていたといわれています。ちなみに、士が武士、工が職人、商が商人です。士農工商というのは簡単にいえば、偉い順に身分を並べたものですが、２番目に偉いとされていた農民の生活はほとんどが苦しいものでした。そこで幕府は士農工商の下に、えた・ひにんといわれる身分を置いて、百姓より苦しい生活をしているものがいることを見せて、百姓の不満をそらそうとしていました。

　えた、ひにんとよばれる人々は川原で生活したり、死んだ牛馬の皮をはいで処理することで生活していました。江戸時代こそ最も下の地位にされていましたが、平安時代では神社などで仕事をし、死を浄化するものとして尊敬と恐怖が入り混じった存在だったのです。

監視体制は連帯責任制
――五人組――

　いつの時代でも税金を取るのは政府の重要なお仕事です。江戸時代も幕府が農民に年貢を納めさせるために工夫を凝らしていました。

　まずは村役人と呼ばれる係を決めて、村を運営させます。今なら町内会の役員といったところでしょうが、村役人には庄屋《しょうや》（名主《なぬし》）、組頭、百姓代《ひゃくしょうだい》といった役職がありました。

　この下に五人組といって、農民を５戸（５件）で一つのグループにして、年貢のごまかしや犯罪を起こさせないように、お互いを監視させていました。問題があればグループで連帯責任を取らされることになっていましたから、5人でグルになって相談でもしない限り、お互いに目を光らせて悪いことはできなかったことでしょう。

さて、グループ分け以外にも、「慶安《けいあん》の触書《ふれがき》」といった法律で「農民は朝早く起きて、夜早く寝なければならない」とか、「農民は贅沢をしてはならない」など生活に関する細かなことまで指示していました。

さらに、農民が土地を耕すことができなくなることのないように、土地の売買を禁止して安定した収穫が得られるようにし、また育てる作物も制限していました。「農民は生かさず殺さず」と家康が言ったといわれていますが、これではまさに機械のような生活ですね。

極めつけは、四公六民、五公五民といった年貢の取り立ての割合です。できた作物の40%または50%を公、つまり幕府に年貢として納めなければなりませんでした。

マネーゲームのはじまり？

――貨幣の統一――

幕府からの取立てが厳しさを増すなかで、農民たちも生産の効率を高めるために様々な工夫を行っていました。具体的には新田開発を進めて耕地面積を増やすとともに、備中鍬《びっちゅうぐわ》や千歯扱《せんばこき》といった新しい道具を発明して生産率を高めていました。また、ほしか（干したいわし）や油かすといった肥料も使われるようになりました。

もちろん、農業だけでなく商業の発達も目覚しいものでした。江戸時代には全国で貨幣が統一されたため、地域ごとに使われる貨幣がちがうといったややこしいことが無くなり、みんなが安心して貨幣を使うようになりました。

そうなると、預金や両替といった仕事をする両替商が現れ、いまの銀行のような役割を果たすようになります。その他にも商人同士で株仲間といった同業組合を結成して、一部の商品の取り扱いを独占して大きな利益を得ていました。たとえば、絹の原料である生糸の輸入を一手に引き受ける組合などがありました。

政治は江戸に、経済は大坂に

——都市・街道・海路の発達——

産業の発達と都市の発達は「鶏が先か卵が先か」というぐらいに密接不可分です。なぜか？都市で新たな商品を開発すれば売る場所が必要になります。多くの場所で売るためには、商品を運ぶ交通機関や流通がしっかり整備されている必要があります。そのためには都市や道路を開発しなければなりません。そうして商品が売れれば、次の商品を作る資金ができる、といった具合です。

というわけで、江戸時代には三都、つまり、江戸・大坂・京都を中心に都市が発達していきました。江戸は政治の中心という意味で「将軍のおひざもと」、大坂（明治以降は「大阪」）は経済の中心の意味で「天下の台所」とよばれていました。

さて、いきなりですが「くだらないもの」という言葉を聞いたことがありますか？つまらない、しょうがないものという意味ですが、この言葉の語源は江戸時代にあるのです。

当時、日本の経済の中心は「天下の台所」である大坂にあり、各地からいろいろな商品が集まってきました。この中で上方である大坂から江戸に送る（下る）価値のないものを「下らないもの」とよんでいたのです。いまは電車で「のぼり」「くだり」といえば東京が起点ですが、当時は天皇が京都にいたので上り下りの中心は西にあったのですね。

大坂には蔵屋敷《くらやしき》という倉庫もありました。年貢米や特産物を売るために諸大名が大坂に作ったものです。

交通の発達を見てみると、五街道《ごかいどう》という主要道路の整備が行われ、宿の整備も行われました。宿場町《しゅくばまち》といわれるものです。当時、江戸から大坂まで行こうと思っても新幹線や飛行機はありませんから、歩くか、または馬に乗っていかなければなりません。何十日もかかる大旅行です。そこで、旅の途中に身体を休める場所として宿場町が発展していったのです。

また、陸路だけでなく海路も開かれていきました。西回り航路や東回り航路です。目的地が西（大坂）ならば西回り航路、東（江戸）ならば東回り航路です。

エリート転じて犬公方

——生類憐みの令と徳川綱吉——

犬公方《いぬくぼう》とよばれて当時の庶民から不人気だったのが5代将軍綱吉《つなよし》です。綱吉の息子が死んだのは、綱吉が前世で犬を粗末に扱ったせいだと坊さんにいわれたことにより、自分だけでなく日本全体で犬を大事にしようとしたのが生類憐《しょうるいあわれ》みの令です。

この生類憐みの令、犬のみならず蚊一匹でさえ殺してはならない、とエスカレートします。破ればもちろん、おもーい罰を受けることになります。生き物を大事にするのは良いですが、何事も限度ってものがありますよね。

ただ、ばかだ、ばかだといわれていた徳川綱吉ですが勉強はよくできたようです。そのためか儒学を奨励し、江戸の湯島に孔子を祀る聖堂をつくりました。またこの時代には学問だけでなく、芸術や文学など、元禄《げんろく》文化も栄えました。

歴代将軍人気ナンバーワン？

――6代将軍家宣――

江戸時代、庶民から一番人気があった将軍は誰でしょうか。初代将軍家康？それとも時代劇でお馴染み8代将軍吉宗《よしむね》？

いやいや、実は6代将軍家宣《いえのぶ》だったといわれています。江戸時代に世論調査があったわけではありませんし、在職わずか3年余りで死去という短命政権ではありますが、生類憐みの令を廃止したことで庶民に大人気だったといわれています。

この時代には経済不況が目立ち始めますが、将軍補佐の新《あら》井白石《いはくせき》が貨幣の改善や、金銀が海外に流出する原因であった長崎貿易の制限をすることで立て直しを試みました。

米将軍の財政立て直し

――徳川吉宗の享保の改革――

江戸時代中期には経済がだいぶ傾いてきます。そこで改革がたびたび行われることになるわけですが、はっきりいってどれも成功とはいえませんでした。これから触れる江戸時代の三大改革も、もちろん失敗に終わります。もしいずれかの改革が大成功に終わっていたら、その後改革をする必要はないので、3回も行われたわけですね。

さてテレビでもお馴染みの徳川吉宗ですが、財政難の幕府を立て直すために、武士には質素倹約をすすめ、農民には年貢の率の引き上げを行い、さらに米価の安定を図ります。当時の武士は、給料としてもらった米を売って、お金に換えて生活していましたから、米の値段が極端に安くなると困ってしまうわけですね。

米価の安定に加え、生産量を増やすために町人の財産を利用して新田開発もすすめていました。そんな吉宗の米に対する熱心さから「暴れん坊将軍」ならぬ「米将軍」なんていうあだ名がつけられるようになりました。

他にも、公事方御定書《くじかたおさだめがき》という裁判のやり方を定めたものや、広く意見を集めるための目安箱《めやすばこ》を設置した結果、一時的に幕府の財政は立ち直ります。これら一連の改革を享保《きょうほう》の改革といいます。

とはいえ、幕府は一時的に持ち直しても、武士は商人からの借金で、農民は相次ぐ飢饉と年貢ＵＰのダブルパンチで、相変わらず苦しい生活を送っていました。

農民の反乱
――百姓一揆――

飢饉は起こるし年貢の率は上がるばっかり、と農民の生活はますます苦しいものとなっていきます。なかには自分で年貢を納めることができず、小作人となって地主の土地を耕す者もたくさん出てきました。自分の土地をもたずに他人の土地を耕すのが小作人、多くの土地をもって他人に耕させるのが地主です。

あれ、慶安の触書って土地の売買を禁止してなかったかな？と疑問に思う方もいるでしょう。その通りなのですが、背に腹は代えられません。生活に困った農民はこっそり？土地を売って小作人になっていったのです。

しかし苦しくて泣いてばかりいるのが農民ではありません。幕府のいじめに怒った農民は、各地で反乱を起こすようになります。百姓一揆と呼ばれるものです。上級の役人に直接訴える直訴《じきそ》や強訴《ごうそ》といったものから、都市部では商人や地主の家を破壊する打ちこわしまで、農民はいよいよ実力行使に訴えるようになりました。

自給自足から集団生産へ

——農村の改革——

各地で幕府への反乱が起こる一方で、農村では生産率を上げるための努力もされていました。問屋《といや》制家内工業や工場制手工業（マニュファクチュア）と呼ばれるような生産様式が生まれたのです。

問屋制家内工業は、商人が農民に原料・道具を貸して、生産されたものを買い上げる仕組みのことで、工場制手工業は、工場に労働者を集めて分業によって生産する仕組みのことです。工場制手工業は豊かな商人や地主によって営まれていました。幕府による改革だけではなく、農村でも工夫がされていたのです。

袖の下も政治のうち？

——田沼意次の政治——

賄賂が大好きで有名な田沼意次《たぬまおきつぐ》ですが、改革の腕前もなかなかのものでした。18世紀後半、10代将軍家治《いえはる》の時代に老中となった田沼意次は、相変わらず苦しい幕府の経済を立て直すために様々な商業政策を打ち出します。

なかでも、株仲間といわれる商人のグループに特権を与えて、儲けさせた後に税金を納めさせる「株仲間の奨励」をしたり、家宣や新井白石の政治では抑制されていた長崎貿易を、銅や海産物の輸出を中心に奨励するようになりました。蝦夷地《えぞち》（北海道）の開発も行いました。これも目的は蝦夷地を開発して、ロシアとの貿易を活発にすることにありました。さすが賄賂好き、金儲けのためには頭をフル回転で使っていたんですね。

ところが、そんな田沼意次もあちこちから賄賂を貰いすぎて非難が集まるようになります。「あちらを立てればこちらが立たず」というやつです。さらに天明《てんめい》の大飢饉も加わり、百姓一揆が増加して手に負えなくなった田沼は政治の中心から去ることになります。

もとの濁りの田沼こひしき
——松平定信の寛政の改革——

失敗に終わった大改革の第二弾は松平定信《まつだいらさだのぶ》の寛政《かんせい》の改革です。松平定信は、賄賂の受け取りすぎで失脚した田沼意次の後に老中になりました。

定信は質素倹約を奨励し、また、武士には学問と武芸をすすめます。具体的には幕府の学問所である昌平坂《しょうへいざか》学問所では朱子学《しゅしがく》以外の学問を教えることを禁じ、過去の飢饉の反省から村には穀物を貯蔵させるようになりました。ただ改革の内容があまりに厳しかったため、改革は６年ほどで失敗に終わりました。

いつでもテーマは質素倹約

――幕府の財政難――

ここで気づいた方もいるかもしれませんが、享保の改革のときも吉宗は質素倹約を奨励していました。先の話をすると、実はこの後の天保の改革でも質素倹約の奨励があります。つまり、すべての改革のキーワードは「質素倹約」だったといえるわけです。

なぜか。その理由は簡単、幕府はいつも財政難にあるからです。改革が少しはうまくいくこともありますが、飢饉や無駄遣いですぐに財政難に陥ります。だから「質素倹約」をテーマに改革を進めようとしていたのです。「財政難、財政難」といつも言っている今の日本と似ていますね。

年表でかくにん！

江戸時代の前期

1603

江戸幕府の成立

・徳川家康《とくがわいえやす》、征夷大将軍に

・家康、将軍職を子の秀忠《ひでただ》に譲位。自身は大御所《おおごしょ》となる（1605）

1614

大坂冬の陣

1615

大坂夏の陣（豊臣家滅亡）武家諸法度

・家康死去（1616）

・秀忠、子の家光《いえみつ》に将軍職を譲位

1635

参勤交代の制度化

1637

島原・天草一揆

1639

ポルトガル船の来航禁止

1641

オランダ商館を長崎の出島に移す（鎖国の完成）

1649

慶安《けいあん》の触書《ふれがき》（※近年その存在が疑問視されている）

1685

生類憐《しょうるいあわれ》みの令

・元禄《げんろく》文化（井原西鶴、松尾芭蕉、尾形光琳など）の隆盛

1716

亨保《きょうほう》の改革

・亨保の飢饉（1732）

1767

田沼意次《たぬまおきつぐ》の政治（〜1777）

・天明《てんめい》の飢饉（1782）

1787

寛政《かんせい》の改革（〜1793）

・尊王論《そんのうろん》が高まり始める

内憂外患

――江戸幕府の衰退――

18世紀の終わりになると、江戸幕府の支配も揺らぎ始めます。まず1792年、鎖国政策をとっていた日本に、ロシアのラクスマンが通商を求めて来航します。このときは幕府は通商を拒否しますが、その後幕府は蝦夷地を直轄地とし、間宮林蔵《まみやりんぞう》に樺太調査を命じるなどしてロシアの接近に備えるようになります。

これは外国との貿易の再開を見越して……というものではなく、むしろ追い払うことが目的の準備だったようです。事実、その後幕府は1825年に異国船打払令《いこくせんうちはらいれい》を出して、清とオランダの船以外はためらうことなく撃退するよう諸藩に命じました。このような幕府の対応を、蘭学者の高野長英《たかのちょうえい》や渡辺崋山《わたなべかざん》が厳しく批判しますが、反幕府的な態度として幕府によって処罰されてしまいます（蛮社《ばんしゃ》の獄《ごく》）。

また、たびたび起こる飢饉と、それに対する幕府のお粗末な対策に対して、ついに大規模な反乱が起こります。大塩平八郎《おおしおへいはちろう》の乱です。大塩自身は元は大坂町奉行所の役人で、引退後は儒学者となっていましたが、天保《てんぽう》の飢饉の際に、米不足にもかかわらず江戸へ大量の米を回送する奉行に対して、救民を旗印に蜂起します。

しかし大塩率いる兵は農民あわせおよそ300人、あっという間に鎮圧されてしまいました。

最後の改革も失敗

——天保の改革——

いよいよ三大改革の最後です。接近する外国、財政難の国内、とふたつの頭痛の種を抱えるなか、老中・水《みず》野《の》忠邦《ただくに》は改革に乗り出します（天保《てんぽう》の改革）。

まず外国に対しては異国船打払令を緩和して、接近する異国船には水と燃料を与えて帰すことにしました。国内に向けてはお約束の質素倹約を奨励し、さらに物価を下げるために、田沼意次の時代に奨励された株仲間を解散します。また都市に流入してきた農民を故郷に返すなどして地方の再建にも取り組みますが、結局失敗に終わってしまいました。

失敗ついでにもう一つお話しすると、幕府はこの頃、年貢の増収を図ろうと江戸・大坂付近の領地を直轄地にしようと計画しますが、諸大名や旗本《はたもと》（将軍直属の家臣）の反対にあってうまく行きませんでした。彼らの統制ができなくなるほど、幕府の指導力は弱っていたのです。

なぜペリーは日本に来たのか？

――日本の開国――

弱りつつある江戸幕府に諸外国はなおも接近を試みます。1853年、アメリカの使節としてペリーが軍艦（黒船）を率いて浦賀に来航します。要求は日本の開国です。幕府はとりあえず一年間返事を先延ばしにしますが、翌年再び軍艦とともにやってきたペリーに屈し、日米和親《わしん》条約を締結して下田・函館の開港に踏み切ります。

19世紀になってから、外国がたびたび日本に接近を迫ってきたのはなぜでしょうか。西洋諸国によるアジア侵略の一環？貿易目的？どちらも正解ではありますが、実はそもそもの原因は捕鯨の流行にあったといわれています。鯨は鯨油としてランプの燃料用に重宝されたほか、骨はコルセットの材料として利用されていました。その鯨が日本近海で獲れるということで、アメリカをはじめ諸外国は捕鯨船の燃料補給地として日本への寄港を考えていたようです。

物価高にくすぶる不満

――開国後の国内情勢――

さて、日米和親条約を締結した4年後、総領事としてアメリカからハリスがやって来て、さらなる国交を求めます。大老井《い》伊《い》直弼《なおすけ》は朝廷（天皇）に許可を得ることなく日米修好通商条約を締結してしまったことから、諸藩の非難を浴びることになります。

そもそも鎖国の時には、朝廷の許可うんぬんは問題になっていなかったのに、開国時には独断だと非難されるのも変な話ですが、これも幕府の力が弱まっていた証拠といえるでしょう。

かんじんの条約の内容はというと、外国人の治外法権（外国人が日本国内で罪を犯しても日本の法律では裁けない）を認め、日本の関税自主権は認めないというまったくの不平等条約でした。

さらに函館、横浜、長崎、新潟、兵庫の５港を開港し、同様の条約をオランダ、イギリス、フランス、ロシアとも締結しました。異国嫌いの孝明《こうめい》天皇が兵庫開港を嫌ったため、幕府に対する非難が強まったという話もあります。

開港後は貿易が盛んに行われますが、そのために国内の品が不足し、金の流出も重なって生活必需品の値段が高騰します。これに不満を抱いた庶民が各地で打ちこわしを起こしたり、農民一揆が頻発するようになります。

諸藩の倒幕運動

——安政の大獄・桜田門外の変——

19世紀なかばから尊王攘夷《そんのうじょうい》運動が盛んになります。字の通り、朝廷（王）を敬い、夷敵（外国）を打ち払おうという活動です。薩摩《さつま》藩、長州《ちょうしゅう》藩を中心に運動が盛り上がりますが、井伊直弼の独断による条約調印を受けて、尊王攘夷が尊王倒幕へと変わって行きます。

井伊直弼を中心とする幕府側は、条約に反対を唱える吉田《よしだ》松陰《しょういん》や橋本佐内《はしもとさない》といった藩士や大名、公家を次々に処罰することで反対派を押さえ込みにかかります（安政《あんせい》の大獄《たいごく》）。

井伊はその後、安政の大獄に怒った水戸脱藩の志士たちによって江戸城の桜田門外《さくらだもんがい》で暗殺されます（桜田門外の変）。その後、全国の尊王派はますます倒幕へと傾いていくことになります。

攘夷から倒幕へ

——薩長同盟——

薩摩も長州も初めは尊王攘夷派で、「外国なんぞ追っ払え」と息巻いていたのですが、薩摩は薩英戦争での、長州は四国（イギリス・フランス・アメリカ・オランダ）艦隊による下

（150ページへ続く）

徳川慶喜

徳川最後の将軍にして策士

ねねに続いて名前の話ですが、この「慶喜」、ヨシノブと呼ぶのかケイキと呼ぶのか定かではないらしいんです。今から150年くらい前の人名でも、読み方がわからないものなんですね。

さて、徳川慶喜といえば徳川家最後の将軍ですから、お家を潰したバカ殿か？なんてイメージをもっていらっしゃる方も多いのではないかと思います。ところがそうでもないんです。幕府自体は慶喜が将軍になる前からとっくに傾いていましたし（だから江戸時代の三大改革があるわけです）、むしろ慶喜は徳川家が新政府でも中心にいられるよう知恵をしぼっていたといってよいでしょう。幕末になり、薩長を中心に天皇家に政治の実権を返還しろという声が高まると、あっさりと大政奉還《たいせいほうかん》をします。

これは倒幕派との戦争を避け、「お前らに政治ができるものならやってみろ」という態度の表れなのですが、薩長側はこれに対しひるむどころか、徳川家の領地の取り上げまでも決めてしまいます。大勢の家来を抱えて領地なしではやっていけないということで、ついに新政府軍（薩長側）との戦争に踏みきるわけですが、ここでも鳥羽伏見《とばふしみ》の戦いのときに、味方を置いて自分はさっさと江戸に引き上げる、という奇怪な行動に出ます。単なる臆病者だという見方も強いのですが、これは最後まで新政府軍との直接対決を避けたいという、慶喜の気持ちの表れだったのではないでしょうか。

アメリカをはじめとして諸外国が日本に接触してくるなか、国内で揉めている場合ではない。それが慶喜の胸の内だったのかもしれません。それが功を奏したのかはわかりませんが、日本を二分しかねない戦争だった戊辰《ぼしん》戦争は二年足らずで決着をみることになります。

関砲撃事件での惨敗を経て態度を変えます。「外国は強い。今の俺たちではとてもかなわないから、とりあえずはうまく付き合おう。その力を利用して弱った徳川幕府を倒してしまおう」と考えたわけです。今はかなわないから、喧嘩するより仲良くして相手の力を利用する。上手い手ですね。

こう考えた薩摩、長州はお互いに仲が悪かったのですが、目的を同じくするもの同士、ここはグッとこらえて倒幕のために同盟を結びます。薩長同盟の成立です。薩摩の代表は西《さい》郷隆盛《ごうたかもり》や大久保利通《おおくぼとしみち》、長州の代表は桂小五郎《かつらこごろう》（木戸孝允《きどたかよし》）や高杉晋作《たかすぎしんさく》であり、彼らの間を土佐脱藩の浪士、坂本竜馬《さかもとりょうま》が仲立ちすることで同盟が成立します。この同盟はもちろん秘密同盟で、幕府は薩摩が長州と手を組んだことは知りません。

幕府は1864年に長州が起こした禁門《きんもん》の変の処罰として長州征討を２回計画しますが、一度目は長州が反省したふりをし、二度目は表向き幕府の味方をしていた薩摩に出兵を拒否されて、結局うまくいきませんでした。

江戸幕府の終焉

――王政復古の大号令――

尊王討幕運動が広がっていく中、15代将軍、徳川慶喜はついに朝廷に政権を返還することを決意します（大政奉還《たいせいほうかん》）。

諸藩の反幕運動が強まったので、やむなく政権返還を決意しましたが、真の狙いは天皇を頂点とする日本の中で徳川家が最大の大名として力を振るうことであり、まだまだ政治の実権を握るつもりだったようです。

これを警戒した薩摩、長州が盛り立てる天皇側は「王政復《おうせいふっ》古《こ》の大号令」により、徳川家を外した新政府を樹立することを宣言します。

狙いがはずれた徳川家と、どうしても徳川家を叩いておきたい新政府軍は1868年（鳥羽伏見《とばふしみ》の戦い）から69年（戊辰《ぼしん》戦争）にかけて衝突し、結果は新政府軍の勝利に終わります。約260年間続いた江戸幕府はついに幕を閉じることになります。

幕末は現代への転換点？
――明治に何が変わったのか――

江戸時代から明治時代になって何が変わったか。「ちょんまげを切ったし、洋服を着るようになったし、刀を持たなくなった？」そのとおり、生活様式がガラッと変わりました。藩と呼ばれていたものが県になり、郵便制度ができ、蒸気機関車が走り、すき焼きが流行り、まさに国民生活は大変貌を遂げます。現代により近づいた時代といえるでしょう。江戸時代末期、開国により外国文化が流入し、日本と西洋文化の融合が始まったのです。

しかし本当に、明治維新によって日本は大きく変化したといえるのでしょうか。戦国時代の章でも触れましたが、日本という国は第二次大戦にいたるまで天皇の支配下にあるというのが建前だったのです（もちろん建前だけじゃない時期もありました）。江戸時代においてもそれは変わりません。徳川家は征夷大将軍という地位に任命され、武士のトップとして全国各地の諸大名を指揮監督していくという立場に過ぎないわけで、あくまでも日本の形式上の支配者は天皇だったわけです。その日本の支配体制のあいまいさを使って、開国を迫るアメリカに対し幕府は「いや、それは帝に聞いてみないと……」などと言ってごまかすこともできたのです。

さて、明治になり徳川家は征夷大将軍の地位から降ろされます。大日本帝国憲法も天皇大権を謳い、平安時代以来の天皇中心政権の到来か、と思ってしまいそうですが、それはあくまで建前のお話。後の時代を見てみれば分かるとおり、やはり実質的に政権を運営していく連中はほかにいます。薩摩の大久保、西郷、長州の桂、伊藤博文《いとうひろぶみ》とまさに薩長の出身者が中心となっていきます。

あれ、結局武士による政治は変わらないのねと思ったあなた、正解です。明治になって四民平等になり、いわゆる武士階級は存在しないので厳密にいえば士族ということになりますが、何のことはありません。明治維新といっても、支配者が徳川から地方の藩出身の武士階級に変わったにすぎないわけで、民衆による革命が起きたわけでも、中国みたいに国名が変わったというわけでもありません。

幕末には各地に政府軍と幕府軍との衝突が起こり、スムーズな権力交代とはいえませんが、結局は武士階級の支配権争いであって、大多数の民衆の中から支配者が誕生したわけではないのです。明治維新といっても、つまるところは「士族同士の権力の奪い合い」だったのです。

年表でかくにん！

江戸時代の後期

1792

ラクスマン来航

・化政《かせい》文化（曲亭馬琴、蕪村、一茶、喜多川歌麿、東洲斎写楽、葛飾北斎など）の隆盛

1825

異国船打払令

・天保《てんぽう》の飢饉（1832～33）

1837

大塩の乱

・蛮社《ばんしゃ》の獄《ごく》（1839）

1841

天保の改革（～1843）

1853

ペリー来航

1854

日米和親条約

1856

ハリス来航

1858

日米修好通商条約

・安政《あんせい》の大獄《たいごく》（1858～59）

・桜田門外の変（1860）

・尊王攘夷《じょうい》論高まる

・徳川家茂《いえもち》の急死を受け慶喜《よしのぶ》が15代将軍に（1866）

1867

大政奉還《たいせいほうかん》／王政復古《おうせいふっこ》の大号令

第6章
民主主義の夜明け
明治から現代へ

首都「東京」の時代へ

――明治維新――

明治時代になって徳川家から天皇へ権力が移ります。1868年、明治天皇は五箇条の誓文《せいもん》を発布して新政府の基本方針を示します。この誓文、「誓」という文字が入っているくらいだから誰かに誓っているわけですが、相手は神様であって、国民ではありません。

この頃はまだ、民衆は臣民と言われ、天皇の臣下であると考えられていました。一方で民衆向けには「五榜《ごぼう》の掲示」が発布されました。内容は、道徳の遵守やキリスト教の禁止を示したもので、民衆に対する大まかな決まりごとを定めています。

五箇条の誓文で基本方針を打ち立てたのち、新政府は「江戸」を「東京」と改め首都にします。さらに、年号を明治とし、名実共に明治時代が始まります。

また新政府はその力を強めるために、土地と人に関する改革も行います。1869年、各藩の藩主に土地（藩図）と人民（戸籍）を朝廷に返還させます（版籍奉還《はんせきほうかん》）。すべての土地をいったん天皇のものとして、藩を廃止して府や県を置いた後に、旧藩主を各地の知事として、府県を再び預けるようにしました。

何だかややこしいことをしているみたいですが、まだできたばかりの新政府は「すべての土地と人民は天皇のものである」として、各藩に威厳を示す必要があったわけです。

身分制についても天皇一族は皇族、公家や大名を華族、武士を士族、農民、町民を平民といって、これまであった士農工商の区別はなくなり平等に扱われるようになりました。

しかし、えた、ひにんであった人々については、明治時代になっても「新平民」と呼ばれ、平等の立場を与えられずに差別されつづけていました。

欧米に見下ろされた腹いせ？
——明治の外交——

明治政府は幕末に締結した不平等条約の改正にも取り組みます。岩倉具視《いわくらともみ》を中心とした岩倉使節団を派遣してアメリカなど各国と交渉しますが、上手くいきませんでした。

その理由のひとつとして、日本に法典がなかったことが挙げられます。法典の存在は国の成熟度を測るバロメーターで、諸外国からは「法典もろくに無い国と話し合いなんかしてやらない」と冷たくあしらわれました。ここから、日本も法律の整備を本格的に行うようになります。

欧米各国からこのように扱われる一方で、政府はアジア各国との条約締結も進めていきます。中国と対等な条約（日清《にっしん》修好条《しゅうこうじょう》規《き》）を締結し、朝鮮に対しては江華島《こうかとう》事件をきっかけに開港させ、日朝修好条規を締結します。この日朝修好条規は日本有利の不平等条約で、明治になってからの日本は、アジアに対してはだいぶ強気の態度を取っているのが窺えます。この強気は第二次世界大戦まで続き、最後には世界中を相手に強気になってしまいます。

税源の確保

――地租改正――

貨幣制度は、時の権力者の権威を示す役割も果たします。日本においても歴史の中で何度も貨幣が変わったのは、経済政策上の理由はもちろん、権力のアピールの側面がありました。

明治になって、貨幣単位は円・銭・厘の単位が使われるようになり、また税金の制度も変わりました。これが地租《ちそ》改正です。これは地主や自作農に土地の所有を認め、地券を交付し、地価の３％を地租として納入させるというものでした。

この地租改正によって政府の税収は安定します。それまでは米で年貢を納入させていましたから、税収の多さもその年の米の出来次第で変動していましたが、地価の3%を税金として納入させるようになったおかげで、毎年決まった金額が政府に入ってくるようになり、財政が安定したというわけです。

刀から銃へ、武士から素人へ
——富国強兵——

幕末から欧米の強さを見せつけられていた日本は、明治になり、まずは対等の立場に立たなければと国内の産業育成、軍備増強（富国強兵《ふこくきょうへい》）に力を入れます。産業面では富岡製糸《とみおかせいし》場《じょう》など官営工場をつくり、日本銀行も設立します。日本初の中央銀行です。

さらに郵便制度や鉄道の整備など近代化を進めていきます。これら一連の事業を殖産興業《しょくさんこうぎょう》と呼びます。

ただ明治初期には、ポストを見て背の高い便器があると勘違いしたり、遠くまで運んでもらおうと電線に手紙をくくりつけるなど、勘違いも多々あったようです。

軍備の面では、蝦夷地を北海道と改称し開拓使を置き、屯《とん》田兵《でんへい》を設けて開拓させると同時にロシアへの備えとし、また日本全国を対象に徴兵令を発し、20歳以上の男子には一定期間の兵役の義務を課して、国全体で兵力を増やそう（国民皆《かい》兵《へい》）という姿勢を打ち出しました。

また、それと同時に装備の近代化を進め、装備の古い士族の軍隊を解散していきました。刀の使い方に慣れた士族の集団よりも、素人同然の国民に銃の使い方を新たに教えていった方が戦争に役に立つと考えたわけですね。

また産業、軍備と並ぶ「富国」政策として、学校制度ができたのも明治になってからです。政府は学制を発布し「国民皆学《かいがく》」を目指しますが、各家庭の生活が苦しく人手が必要なことや、学校で教える内容が天文学など、農民の生活からかけ離れていることもあり、わが子を学校に通わせない親も多くいました。

「武士は食わねど」ではやっていけない！
――士族の反乱――

江戸時代は特権階級にあったのに、明治では四民平等、そして士族の軍隊の廃止と少しずつ追い詰められていった武士たちは、いよいよ反乱を起こします。士族最大の反乱、西南《せいなん》戦争です。

立場を追われ、仕事が無くなった士族のあいだで不満が高まり、西日本各地で反乱が起こるようになりました。なかでも1877年、西郷隆盛率いる不平士族による反乱は、規模の大きさはもちろん、指揮官が明治維新の英雄、西郷ということもあって、政府が敗れるのではないか危ぶむ声も多くありました。

ところが結果は、近代装備の政府軍に完敗。鹿児島で挙兵して東京に攻め入ることはおろか、九州から出て行くこともできませんでした。西郷でさえ勝てなかったということもあり、この西南戦争以降は武力による反発ではなく、言論によって政府に抗議しようという時代になっていきます。

「人民のための政治」を求めて
――自由民権運動――

明治政府樹立には薩摩・長州・土佐・肥前が活躍したこともあり、政府高官はこの４つの藩の出身者で固められてしまいます。これを藩閥《はんばつ》といいます。今の学閥の先駆けみたいなものですね。

この藩閥政府に反発して、国民の意見が広く反映されるよう国会の開設を求めていくのが自由民権運動です。自由民権運動は、板垣退助《いたがきたいすけ》らが国会の開設を促す「民撰議院設立建白書《みんせんぎいんせつりつけんぱくしょ》」を政府に提出することによって全国に広まっていきます。板垣が遊説中に暴漢に刺されたとき「板垣死すとも自由

（166ページへ続く）

西郷隆盛
ハーメルンの笛吹き？

西郷隆盛といえば大久保利通や坂本竜馬、高杉晋作らと並んで、維新の英雄の一人に数えられます。薩摩藩出身で倒幕運動では先頭に立ち、いよいよ江戸で決戦かと思われたところを、幕府側代表、勝海舟との会談により江戸城を無血開城に導いた功績は高く評価されています。が、明治維新後、奇行ともいえるような行動に走ります。

岩倉具視、大久保らの政府トップが海外視察に出かけている間に征韓論（朝鮮半島を武力で制圧しようとする考え）をぶち上げ、帰国した大久保らから反対されて下野した後、今度は不平士族を集め明治政府に対して西南戦争を起こします。これだけを見ると西郷隆盛は戦争マニアかとも思えてくるのですが、そこはみんなに慕われる「西郷どん」、一応の理由があります。

明治維新後、士農工商から四民平等となり、武士も士族へと名称を変えます。ある者は剣術の教師となり、ある者は警察官となりましたが、多くの下級武士は生活が成り立たず新政府に対する不満がくすぶっていました。そんな国内の不満を解消しようと国外へ不満の爆発先を求め（征韓論で西郷は下野しますがその後、台湾出兵や江華島事件など西郷の影響といえるような事件が続きます）、最後には国内で一大戦争を引き起こして不平士族を道連れに華々しく散ってしまいます。

おいおい、貧乏士族を道連れに死ぬなんてあんまりじゃないか、というのが筆者の感想ですが、行き場のなくなった彼らに死に場所を与えてやって、しかもこれで政府に対する不満分子が一掃されたというのが、西南戦争の「一般的な見解」のようです。

は死せず」と叫んだのも有名な話です（実は大した怪我ではなかったらしいのですが）。

板垣らは土佐に立志社《りっししゃ》という政治グループを設立し運動を展開し、1880年には国会期成同盟をつくり、翌年には自由党を結成、国会開設を請願します。当時の政府にいた大隈重信《おおくましげのぶ》はこれに同調し、国会の即時開設を主張しますが、政府は時期尚早として９年後の1890年に国会を開設することを約束します。急速に自由民権運動が広まるなか、政府は時間稼ぎをしてそのあいだに、民主政治の制度を研究しようとしていたのです。

「自由」を訴え無銭飲食？
——政党結成と自由民権運動の激化・衰退——

国会開設を政府に約束させた後、板垣や政府を去った大隈は政党を結成して国会開設に備えます。板垣は自由党、大隈は立憲改進党を設立します。二つの党の特徴を簡単に説明すると、自由党が急進的な自由主義であったのに対して、立憲改進党は現実路線で穏健な議会政治を目指すといったものでした。

こうして政党が結成されるなかで、民権運動はますます激化していきます。福島事件や秩父事件など、自由党員と生活に困窮した農民が政府に反発する事件が各地で起こります。

しかしその一方で、自由党員を名乗って町で暴れる（無銭飲食をしたり横暴な態度をとる）者も多数あらわれ、運動は一時衰退していきます。

投票に行こう！

――立憲政治――

立憲政治とは憲法の下で政治を行うことです。1889年には、プロイセン（現在のドイツ）憲法を手本とした大日本帝国憲法が発布されます。プロイセン憲法は君主の権力が非常に強いものでした。明治天皇を中心として強力な中央集権国家をつくろうとする日本にはぴったりのお手本だったようです。

憲法を制定する一方で内閣制度をつくり、伊藤博文が初代内閣総理大臣になります。憲法発布後は政府は約束どおり、1890年に最初の衆議院選挙を開催し、初の帝国議会を開催します。なおこのときの選挙権は、直接国税を15円以上納める25歳以上の男子に限られていました。

選挙権が認められる条件は戦後の新選挙法が制定されるまで何度か変わりますが、財産（いくら税金を納めたか）、年齢、性別の点で差別されていたことに注意しておいてください。

対等のおつきあい
――条約の改正――

欧米列強と肩を並べたい日本は、岩倉使節団の派遣、法典の整備、さらには外務卿の井上馨《かおる》の提案により鹿鳴館《ろくめいかん》という外交のための社交場まで建設して、ようやく不平等条約の改正に成功します。

1894年に外相、陸奥《むつ》宗光《むねみつ》がイギリスとの間で治外法権（領事裁判権）の撤廃に成功、さらに1911年には外相、小《こ》村《むら》寿《じゅ》太《た》郎《ろう》によって関税自主権の回復に成功します。

なぜ最初の不平等条約締結後、約50年で対等な状態にまでもっていくことができたのでしょうか。外交使節の派遣など、日本の努力があったのはもちろんですが、当時の世界情勢も考えなければなりません。

実は当時、イギリスはロシアの南下を恐れて日本を防波堤として利用しようと考えていました。それまで「眠れる獅子」と警戒されていた清が、軍事力で欧米列強に劣っていることが明らかになり、朝鮮も頼りない。ならばロシアの南下を抑えられそうなのは「富国強兵、殖産興業」、欧米に追いつけ追い越せと張り切っている日本だろうというわけです。事実、イギリスの思惑通りというべきか、その後日本とロシアはたびたび衝突することになります。

10年経ったらまた戦争
——日清戦争——

1894年、日本は清と戦争を始めます。この日清《にっしん》戦争以来、日本は10年ごとに戦争をしています。1904年に日露《にちろ》戦争、1914年には第一次世界大戦といった具合です。「1894年」と「10年ごと」と覚えればよいと思います。

話を日清戦争に戻しましょう。朝鮮の支配権をめぐって対立していた日清両国は、1894年、いよいよ戦争に突入し、敗れた清は朝鮮から手を引きます。それと同時に日本に多額の賠償金を支払い、リャオトン半島と台湾を日本に譲る約束をします（下関条約）。

これに焦ったのがロシアです。先に述べたようにロシアは南、つまり清に影響力を拡大することを計画していましたから、日本が進出してくることは好ましくありません。そこで、フランス、ドイツを誘い、日本に対してリャオトン半島を清に返還するよう迫ります（三国干渉）。

力ではロシアの方が上ですから、渋々ながら申し入れを受け入れます。そしてこのあたりから、日本とロシアの関係が険悪になってくるのです。

高まる戦争熱

——義和団事件から日露戦争へ——

日清戦争で日本に敗れた清は、列強の進出を受けます。当時、キューバの利権を争ってスペインと西南戦争をしていたアメリカは参加しませんでしたが、英・仏・独・露・日が先を争って清から領土を租借（借りること）したり、鉄道敷設権を得たりと、中国大陸各地に勢力範囲を広げます。

怒ったのは清の国民です。自分たちの国の領土が好き勝手に切り刻まれて、黙っていられなくなった民衆は宗教結社義《ぎ》和団《わだん》を中心に外国人排斥運動を起こします。これに対して、列強側はロシアと日本を中心に鎮圧に乗り出しますが、鎮圧後、ロシアが満州を占領してしまいます。

リャオトン半島を日本が譲り受けようとしたときには、返してやれと介入してきたロシアが、今度は自分が満州を清から奪ったのですから日本も黙ってはいません。ロシアに対抗するために1902年、日英同盟を締結し、1904年いよいよ日露戦争へと突入します。

この日露戦争には反対もありました。社会主義者の幸徳秋《こうとくしゅう》水《すい》やキリスト教徒の内村鑑三《うちむらかんぞう》は戦争に反対し、歌人の与謝野《よさの》晶子《あきこ》は「君死にたまふことなかれ」とうたう詩を発表、日露戦争を批判します。

しかし三国干渉以来、ロシアに対して恨みが募りに募っていた日本では開戦論が高まっていたので、戦争突入を止めることはできませんでした。

1905年、アメリカのあっせんでロシアとポーツマス条約を締結して戦争を終結します。ロシアの内乱もあり、日本優位な状況で戦争を終わらせたので、条約内容もそれなりに日本に有利な内容でした。具体的には大韓帝国における監督権、樺太の南半分およびリャオトン半島南部の租借権や、南満州鉄道の経営権を得ます。

しかし、ロシアに勝ったことで多額の賠償金を得られると期待していた日本国民は、賠償金を得られなかったことで不満を募らせます。

負の歴史

――韓国併合――

ポーツマス条約で韓国に対する監督権を得た日本は、数度の日韓協約で韓国の内政権、外交権を握って、1910 年に韓国を併合し植民地とします。これは第二次世界大戦の終了まで続き、韓国人に対して母国語の使用禁止や、炭鉱労働のための日本への強制連行なども行われました。

大財閥の誕生

――産業革命――

19世紀後半、日本にも産業革命の波がやってきます。蒸気を動力にした大工場が各地に設立され、繊維業を中心とした軽工業が発達し、また官営の八幡《やはた》製鉄所もつくられ鉄鋼の自給が進められます。

また、民間企業の発達のため一部の官営工場が資本家に払い下げられ、それを元に三井、三菱などの大資本家は一族で財閥を形成し、政治経済への影響力を強めていきました。

仕事はきつい、給料少ない

――社会の変化――

産業革命で工場労働者は増加しますが、自作農は困窮するばかりで自分の土地を地主に売って小作農になる者が増加します。農家ではあまりに生活が苦しいことから、長男以外は土地を継ぐことができずに工場労働者となっていきます。逆に労働者の増えた工場では、低賃金や長時間労働に怒った労働者が条件の改善を求めてストライキなどの争議行為を起こします。

思想面では幸徳秋水が社会主義を唱え、社会民主党を結成し私有財産制を否定しますが、1910年、明治天皇暗殺の計画を立てたと疑われて死刑にされます（大逆《たいぎゃく》事件）。

また、足尾《あしお》銅山精錬所の鉱毒がふもとの田畑に被害を与えていたことが社会問題化し、衆議院議員の田中正造《たなかしょうぞう》が天皇に直訴するまでにいたりました（足尾銅山鉱毒事件）。

年表でかくにん！　明治時代から大正時代

1868

五箇条の誓文《せいもん》／五榜《ごぼう》の掲示／戊辰《ぼしん》戦争（〜1869）

1869

版籍《はんせき》奉還

・四民平等の世の中に

1871

廃藩置県《はいはんちけん》／岩倉使節団派遣

1873

地租改正／徴兵令

・秩禄《ちつろく》処分・廃刀令＝士族の特権消滅

1877

西南戦争

1880

国会期成同盟結成／国会開設の請願

1881

自由党結成

1889

大日本帝国憲法

1894

日清戦争／治外法権撤廃

1895

下関条約

1904

日露戦争

1905

ポーツマス条約

1910

韓国併合

1911

関税自主権回復

1912

明治天皇死去、大正時代始まる

1914

第一次世界大戦

1915

中国に対して21箇条の要求を出す

1918

米騒動／原敬《はらたかし》による本格的な政党内閣

1919

ベルサイユ条約

「人民による政治」を求めて
――倒閣運動――

大正時代には第一次世界大戦が勃発し、第二次世界大戦に向かって猛スピードで転がり落ちていく、という暗いイメージがつきまといます。社会主義者や無政府主義者が天皇暗殺の容疑で逮捕され、死刑にされた大逆事件（実際には無実の者も多数）の影響もあり、世間に閉塞感が漂いつつあったのも事実です。相次ぐ軍備増強のための増税で、生活が困難に陥った民衆の政府への不満が爆発します。

日露戦争が終わった後も日本は軍備の増強（軍拡）に力を入れていくのですが、1912年、さらなる軍拡を計画した当時の桂内閣に対し「憲政擁護、閥族打破」のスローガンの下、倒閣運動が広がります。「俺らの生活が苦しいのは、薩長出身者という仲良しグループで政治をやってる奴らのせいだ。あいつらは庶民の生活なんかには目を向けず軍備の増強ばっかり考えてる。あんな奴らは政権から引きずり下ろしてしまえ」という民衆の不満が、抗議運動として噴出する形で全国に広がるのですが、この結果、桂内閣は退陣を余儀なくされます。このほかにも戦争の影響による米価の高騰に不満を募らせた富山県の漁師の奥さんたちが、米価引き下げを要求して起こした抗議運動が全国にひろがり、70万人の規模にまで及んだ米騒動もありました。

大正から昭和にかけては、まさに戦争真っ盛りの時代でもあり、なんとなく暗いイメージが付きまとってしまいますが、民衆が政治の表舞台に現れだした時期ともいえるのです。歴史というと私たちはついつい「将軍（首相）は誰だったのか、どんな政策が執られたのか」と政権の方ばかりに目を奪われてしまいますが、歴史の本当の主役は大多数の民衆（つまり私たちの先祖）なのです。民衆なくして政策が行われたって何の意味もないのですから。その意味ではこの時代は、民衆運動が首相を退陣させるにまでいたった「民衆パワー大爆発」の時代ともいえるのです。

尻馬に乗って荒稼ぎ
――第一次世界大戦――

19世紀終わりから20世紀はじめにかけて、ヨーロッパは二つの陣営に分かれていました。ドイツ、イタリア、オーストリアの三国同盟（同盟国）と、イギリス、フランス、ロシアの三国協商（連合国）です。

この二つの陣営は1914年、サラエボにおけるオーストリア皇太子暗殺事件をきっかけに衝突し、日本も日英同盟を理由に三国協商の連合国側として参戦します。

そんな遠くで起きた戦争に何で日本が関わったのか、その理由は、どさくさに紛れて中華民国（1911年、清朝を倒して建国）のドイツ領土を奪うことにありました。実際に日本は戦争中、21箇条の要求を突きつけて中国における利権を拡大します。さらに戦争中は各国で物資が足りなくなるので、日本の輸出量は飛躍的に伸びて成金が続出しました。

戦争の芽を残したまま
——第一次世界大戦の終了——

戦争は1918年に連合国の勝利で終わり、敗れた同盟国とパリ講和会議を開いて、ベルサイユ条約を締結します。この条約でドイツは軍備制限を受け、すべての植民地を失ったうえに多額の賠償金まで背負うことになります。この賠償金が大きな負担となって、やがては第二次世界大戦へとドイツを駆り立てることになってしまいます。

さて大戦終了後の1920年、アメリカのウィルソン大統領の提案により平和確保を目的とした国際連盟（連盟）が設立されます。連盟はイギリス、フランス、イタリア、日本を常任理事国とし、のちにドイツも参加して９カ国から形成されましたが、提案したアメリカは国内の議会の反対から参加しませんでした。

また、戦争が終わってから21箇条要求に反発した中国では学生中心に五《ご》・四《し》運動が起き、朝鮮でも日本の植民地支配に反対して三・一独立運動が展開されました。

民主主義への試行錯誤
――大正デモクラシー――

1918年、富山県で米の値上がりに反対して一揆が起こります（米騒動）。参加者は70万人にも上り、慌てた政府は軍隊まで出動させますが、鎮静化まで３ヶ月を要します。

大正期には東大教授の吉野作造《よしのさくぞう》が民本《みんぽん》主義を主張します。内容は「政治の目的は民衆の幸福であって、政策決定は民衆の意思によるべきだ」というものです。民主主義と似ていますが、民主主義では主権は国民にあるのに対して、民本主義の主権者はあくまで天皇でした。そしてこのような民主主義的風潮を大正デモクラシーといいます。

大正デモクラシーは思想だけでなく、現実の政治にも影響が出始めていました。藩閥や軍の勢力など、一部の人間によって内閣が組織されることに反対して護憲運動が起き、1918年、原敬《はらたかし》を首相とした初の本格的政党内閣が誕生します。

政党内閣とは議会で多数を占める政党によって組織される

内閣のことで、それまでは藩閥や軍閥によって内閣が組織されていました。原は平民宰相として人気がありましたが、1921年東京駅で刺殺されてしまいます。

1925年には選挙法の改正も行われました。普通選挙法の成立です。普通といっても25歳以上のすべての男子に選挙権を与えるといった内容で、財産制限はなくなったものの性別による制限はまだ残っていました。

そして普通選挙法の成立と同時に、この時代で最も恐ろしい法律、治安維持法の制定がありました。1945年に廃止されるまで続く法律ですが、目的を社会主義の取締りとし、政府に反抗的な思想をもつだけで場合によっては死刑にされることさえありうるという恐怖の法律でした。

世界を覆う大きな影
――世界恐慌とファシズム――

1929年、アメリカのウォール街で株価が大暴落したことをきっかけに、世界中の資本主義各国が深刻な不景気に陥ります。銀行や会社の倒産が相次ぎ、失業者が増大していきます。

この不景気に対して各国はさまざまな対策を打ち立てます。イギリス、フランスなどは自国と植民地の間だけで貿易を行うようになります（ブロック経済）。また、アメリカではルーズベルト大統領によって、公共事業が増やされ、政府が農作物の買い上げを行い国民の購買力を高めようとするなどのニューディール政策が実行されます。

しかし、どの国でも対策が成功したわけではありませんでした。第一次世界大戦で負った多額の賠償金に苦しむドイツでは、この大恐慌はまさにダブルパンチで失業者が増大します。そして、苦しい生活と高まる不満のなか、国民的人気を誇るヒトラー率いるナチス（国家社会主義ドイツ労働者党）が独裁政治を開始し、再軍備をはじめます。

イタリアでもムッソリーニのファシスト党が独裁政治を開始し、世界は第二次世界大戦へと向かっていきます。

軍国主義が高まる日本
――満州事変――

世界恐慌の影響は日本にも及び、国内の不満をそらすために外国への侵略が再開されます。1931年、日本の関東軍が南満州鉄道を爆破して、これを中国の仕業だと主張して軍事行動を起こし、ついには満州を満州国として独立させます（満州事変）。

さらに、この事件を調査して日本に満州からの引き上げを勧告した国際連盟に反発して、1933年、日本は国際連盟を脱退します。

国内では1932年に犬養毅《いぬかいつよし》首相が軍人に暗殺され（五・一五事件）、1936年には軍の青年将校が反乱を起こす事態にまでいたりました（二・二六事件）。経済不況→国内の不満高まる→外国への軍事行動→軍の影響力高まる、という典型的パターンなのですが、日本も例に漏れることなく戦争へと突入します。

泥沼のような長期戦

——日中戦争——

1937年、盧溝橋《ろこうきょう》で日中両軍が衝突したことをきっかけに日中戦争が勃発します。日本は蒋介石《しょうかいせき》の国民党政府の首都である南京を占領します。このとき日本軍は多数の一般市民や捕虜を殺害します（南京大虐殺）。この後、中国各地に傀儡政権を打ち立てて、さらに「国民政府を相手とせず…」と声明を発表、終結のための交渉相手がいなくなってしまった戦争は泥沼化していきます。

一方中国は、蒋介石率いる国民党政府が中国共産党を圧迫するという内戦状態にありましたが、日本の侵略に対抗すべく、共産党と組みたがらない蒋介石を軟禁した国民党政府と、中国共産党が協力して抗日民族統一戦線を結成します。

日本の敗戦

――第二次世界大戦――

1939年、ドイツのポーランド侵入に対して、イギリス、フランスがドイツに宣戦布告することによって、第二次世界大戦が勃発します。ドイツはイタリア・日本と軍事同盟を締結し（枢軸国）、アメリカ、イギリス、フランス、ソ連、中国などの連合国と戦争を開始します。はじめこそ勝ち進んだ枢軸国でしたが連合国の反撃に遭い、1943年にイタリアが、1945年にドイツが降伏します。

日本も日中戦争開始以来、人も物も戦争につぎ込むために1938年に国家総動員法を制定し、1940年には政党を解散し大政翼賛会《たいせいよくさんかい》を結成します。これは当時の首相、近衛文麿《このえふみまろ》を総裁とした大政党ですが、軍部の暴走を止めるためのものではなく、政治家も戦争に参加、協力しようという目的をもった組織でした。

また下部組織として、国民の間には大日本青少年団や隣組が作られ、国全体が戦争に組み込まれていきました。

1941年12月8日、日本がハワイ沖の真珠湾を攻撃することにより太平洋戦争が始まります。はじめこそ東南アジアを支配して勝ち進みますが、1942年にアメリカとのミッドウェー海戦で敗れてから戦況は悪化し、1945年４月には沖縄本島に米軍が上陸、３ヶ月に及ぶ戦いで県民約10万人が死にます。８月には広島と長崎に原爆が投下され、ソ連の日本に対する宣戦布告も重なり、15日にポツダム宣言を受け入れてついに降伏します。

軍国主義の排除

――占領下の民主化政策――

敗れた日本は連合国によって占領されます。日本政府はアメリカのマッカーサーを最高司令官とするＧＨＱ（連合国軍最高司令官総司令部）の指示に従って、戦後の民主化政策を行うことになります。

民主化政策の目的は軍国主義を排除して、日本が二度と戦争に進まないようにすることでした。

政治面では治安維持法を廃止し、反政府活動のために捕まっていた政治犯を釈放して政党活動の自由を認めます。

選挙権も20歳以上の男女全員に平等に与えられ、それまで神格化されていた天皇は自らの神格を否定します（天皇の人間宣言）。

経済では三井、三菱などの財閥を解体し（財閥解体）、農地改革も行います。これまで地主に集中していた土地を政府が安価で買い上げ、小作農に分配することにより自作農を増加します。また、労働組合法や労働基準法を制定することにより労働者を保護するようになりました。

人権の国へ
――日本国憲法の成立――

戦後日本の民主化の象徴として、日本国憲法が1946年11月3日に公布、翌年5月3日に施行されます。

この憲法の最大のテーマは基本的人権の尊重です。それまで天皇の臣下という位置づけで、人権の制限を受けることが多かった国民は、日本国憲法のもと、人権を最大限尊重されることになります。憲法の基本原理である国民主権や戦争の放棄は、基本的人権の尊重を実現するためのものです。また国民主権が基本原理となるにともなって天皇は日本の象徴となり、主権者ではなくなりました。

新しい戦争のかたち
――国際連合成立と冷戦――

第二次世界大戦後、戦争の反省から新たに国際連合が発足しました。国際連盟との大きな違いは武力介入ができるようになった点です。また、５大常任理事国に大きな権限が与えられ、成立当初の加盟国は51カ国に上りました。

こうして世界が平和構築しようと努力するなか、新たな火種も生まれてきました。アメリカを盟主にした西側諸国（資本主義陣営）と、ソ連を盟主とした東側（社会・共産主義陣営）の対立による冷戦です。武力を行使しない戦いであることから冷戦（Cold War）と呼ばれました。

西側は北大西洋条約機構（ＮＡＴＯ）、東側はワルシャワ条約機構を結成し対抗します。この対立は、東西ドイツ、南北朝鮮や南北ベトナム対立にも影響し、1950年には朝鮮戦争、1960年にはベトナム戦争が勃発します。

ふたたび国際社会へ
——日本の国連加盟——

第二次世界大戦後、連合国側に占領されていた日本は、1951年にサンフランシスコで連合国と講和条約を締結し（サンフランシスコ平和条約）、主権を回復します。

日本を占領下から独立させた理由は、日本をアメリカ中心の西側資本主義陣営に組み入れ、ソ連や中国の共産主義国に対する防波堤にすることでした。

実際に1951年、日米安全保障条約を締結して日本はアメリカに基地用地を提供します。また沖縄は1972年に日本に返還されるまで、アメリカの占領下に置かれ続けました。

このように、アメリカの下に組み込まれると同時に日本は近隣諸国との関係を回復させ、国際社会での地位を確立していきます。ソ連と1956年に日ソ共同宣言により戦争状態を終結し国交を回復し、同じ年に日本は国連に加盟します。また1965年に日韓基本条約、1972年には日中平和友好条約を締結して、アジア諸国との関係を改善していきます。

明治以降、第二次世界大戦までアジア関係を悪化させてしまった日本は戦後、経済発展と同時に近隣諸国との関係を改善することによって、「外の憂い」、つまり外国との戦争の心配をなくして、国内の経済力の回復、発展に専念することになります。

経済の国、ニッポン

——自衛隊の創設と戦後復興——

戦争終了後、ＧＨＱによって軍隊が解散された日本は、冷戦や朝鮮戦争が始まったことでアメリカから再軍備の要請を受けます。しかし、再軍備よりも経済復興を最優先課題とした当時の首相、吉田茂はアメリカの要請をのらりくらりとかわし、1950年に警察予備隊を設置→52年保安隊に改編→54年自衛隊の創設、とここまでにとどめます。これによって日本は軍備よりも経済復興に予算を回すことが可能になり、朝鮮戦争による特需もあって（朝鮮特需）飛躍的に戦後復興を果たすことになります。

1950年代から急速な経済成長（高度経済成長）を続けた日本は、政治面では1955年に自由党と民主党が合併して自由民主党となり、現在にいたるまで政権を握ることになります。対抗勢力として日本社会党も成立し、この時代の対立構図は55年体制とよばれるようになります。

人々の生活も変化し、電化製品や自動車が普及します。しかし一方で公害問題も深刻化して、水俣病やイタイイタイ病など４大公害訴訟が起きます。

1973年には第４次中東戦争をきっかけに石油危機が起き、原油の価格が上昇することにより世界中が打撃を受けます。

世界の多様化

――旧植民地の独立と冷戦終結――

戦後はまた、世界各地で新しいグループが形成された時期でもあります。これまでアメリカ、ヨーロッパの植民地とされてきたアジア・アフリカの諸国が、1955年にインドネシアのバンドンでアジア＝アフリカ会議を開催し、第三勢力として台頭し始めます。

ヨーロッパも西ヨーロッパ諸国が1967年にＥＣ（ヨーロッパ共同体）を発足し、ＥＵ（ヨーロッパ連合）へと発展していきます。東側でもソ連の弾圧に対して東ヨーロッパ諸国が独立を宣言し、1990年にはベルリンの壁が崩壊して東西ドイツが統一されます。またソ連も1991年には解体し、ロシアを中心とした独立国家共同体（ＣＩＳ）が形成されます。

21世紀、日本の進路は？

——現代日本——

日本では1960年、岸内閣がアメリカとの安保条約を改定した、新安保条約を締結します。

このとき、日本がアメリカのアジア戦略に組み込まれる事に反対して安保闘争が起き、岸内閣は総辞職に追い込まれます。またアジア外交では韓国、中国とも条約を締結して平和外交を樹立しますが、近年の国連の平和維持活動（ＰＫＯ）やイラク戦争への自衛隊派遣により、近隣諸国の日本に対する懸念は再び高まっています。

また90年代にはバブル経済が崩壊して10年以上にわたる不況に見舞われることになり、一部回復したように見える今日でも、多額の借金を抱えた日本は、早急に経済政策を打ち出すことが求められています。

年表でかくにん！

大正時代から現代へ

1920

国際連盟結成

1925

普通選挙法／治安維持法

1926

大正天皇死去、昭和時代始まる

1929

ウォール街で株価大暴落（世界恐慌の始まり）

1931

満州事変

1932

五・一五事件

1936

二・二六事件

1937

日中戦争

1939

第二次世界大戦

1941

太平洋戦争

1943

イタリア降伏

1945

ドイツ降伏／日本、8月にポツダム宣言受諾／国際連合結成

1946

日本国憲法

1950

朝鮮戦争／警察予備隊設置

1951

サンフランシスコ平和条約／日米安全保障条約

1956

日ソ共同宣言／日本、国連に加盟

1960

ベトナム戦争／日米相互協力及び安全保障条約（新安保条約）

1965

日韓基本条約

1972

沖縄返還

1978

日中平和友好条約

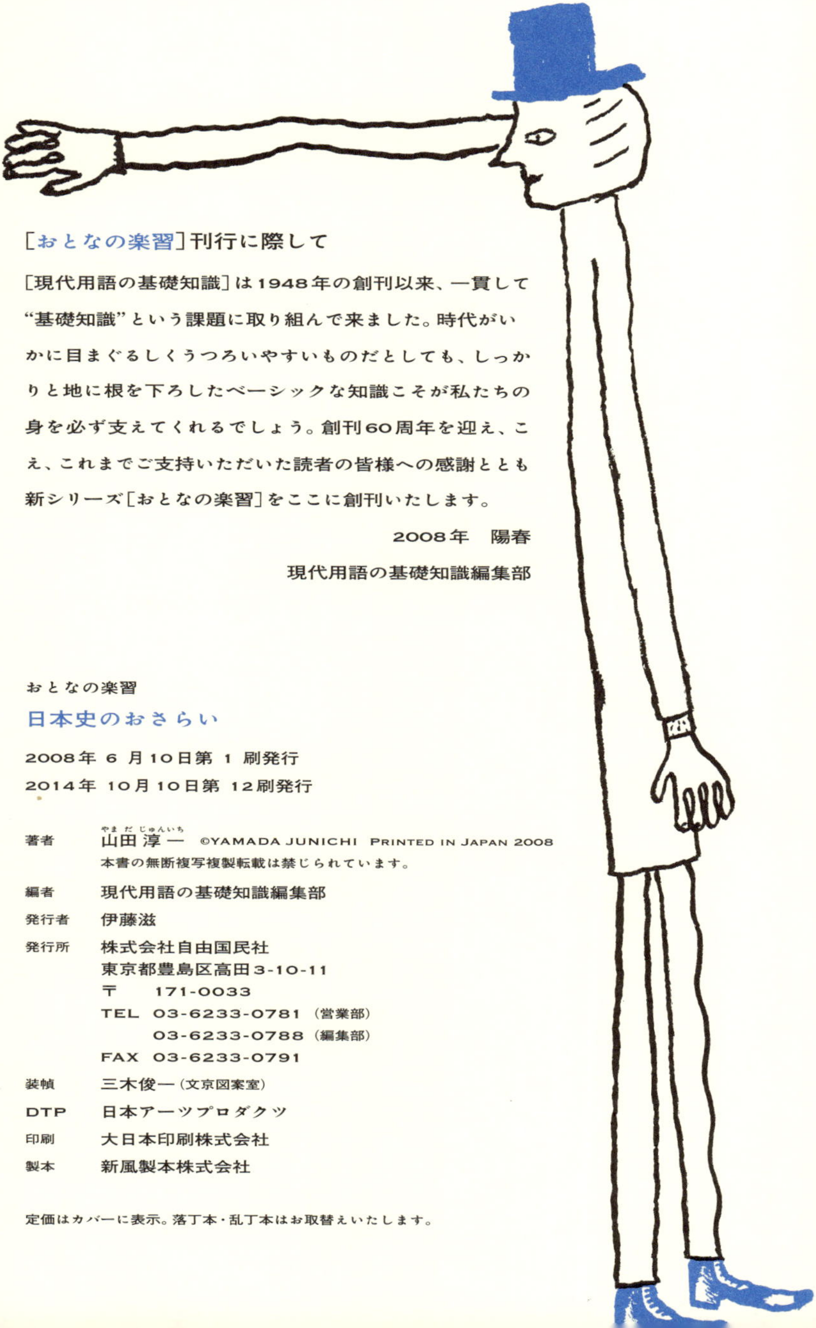

［おとなの楽習］刊行に際して

［現代用語の基礎知識］は1948年の創刊以来、一貫して“基礎知識”という課題に取り組んで来ました。時代がいかに目まぐるしくうつろいやすいものだとしても、しっかりと地に根を下ろしたベーシックな知識こそが私たちの身を必ず支えてくれるでしょう。創刊60周年を迎え、こえ、これまでご支持いただいた読者の皆様への感謝ととも新シリーズ［おとなの楽習］をここに創刊いたします。

2008年　陽春

現代用語の基礎知識編集部

おとなの楽習

日本史のおさらい

2008年 6 月10日第 1 刷発行
2014年 10月10日第 12刷発行

著者　山田《やまだ》淳一《じゅんいち》　

編者　現代用語の基礎知識編集部
発行者　伊藤滋
発行所　株式会社自由国民社
東京都豊島区高田3-10-11
〒　171-0033
TEL　03-6233-0781（営業部）
03-6233-0788（編集部）
FAX　03-6233-0791
装幀　三木俊一（文京図案室）
DTP　日本アーツプロダクツ
印刷　大日本印刷株式会社
製本　新風製本株式会社